Hannes Möhring

萨拉丁

苏丹和他的时代（1138~1193）

SALADIN. DER SULTAN
UND SEINE ZEIT 1138–1193

〔德〕汉内斯·默林 / 著

周锐 / 译

社会科学文献出版社
SOCIAL SCIENCES ACADEMIC PRESS (CHINA)

前　言

没有一个伊斯兰世界的统治者像萨拉丁那样在欧洲广为人知。尽管他重创了十字军国家，但几百年来他在西方却一直享有殊荣。在欧洲，萨拉丁以骑士之敌手以及"高贵的异教徒"之化身的盛誉被载入史册。很早便有传说认为萨拉丁已经秘密改宗基督教，而到了启蒙运动时代，人们将他视作自己心目中宽宏大量之人的典范之一。与此相比，对如今许多穆斯林而言，萨拉丁则首先是一个象征自由的英雄。

毋庸置疑，萨拉丁乃是世界历史上出类拔萃的人物之一。作为 12 世纪近东地区最有权势之人，萨拉丁发迹于埃及，因此不论是朋友还是敌人都将他与《圣经·旧约》和《古兰经》中埃及的约瑟①相提并论。他在开罗推翻了法蒂玛王朝的哈里发，篡夺了努尔丁（Nūraddīn）在叙利亚的遗产。为了使自己的统治取得合法性，他宣扬与基督徒抗争的"吉哈德"②。1187年，萨拉丁征服了耶路撒冷，并成功地抵御了意图收复圣城的第三次十字军东征。

关于萨拉丁及其敌人的阿拉伯语和拉丁语史料极为丰富。尽管其中充斥了歌功颂德、大肆宣扬之辞，但对于中世纪而言，这些史料却至少为初步立传提供了难得的机会，也使后人

---

① 约瑟，《圣经·旧约》人物，雅各第十一子，深受其父宠爱。众兄弟颇为嫉妒，后将约瑟卖给他人。约瑟被带到埃及，因为为法老释梦深受重用，政绩斐然。《古兰经》第十二章亦记述了约瑟的故事。（本书脚注若无特别说明，均为译者注。）

② 吉哈德，又译"杰哈德"，伊斯兰教的重要概念，本为"为某一特定目标尽力奋斗"之意。在《古兰经》中，"吉哈德"一词时而隐含武力斗争，时而又并无此意。伊斯兰古典时代的学者往往从武力的角度来理解"吉哈德"这一概念，但也有个别什叶派神学家主张区分所谓的"大吉哈德"和"小吉哈德"，前者为针对内心欲念的精神斗争，后者则指的是与外界敌人的军事斗争。在西方，"吉哈德"时常被译为"圣战"。现代，穆斯林学者则更多地强调"吉哈德"与武装斗争无关的其他方面，比如克服恶习与抵御诱惑，行善戒恶，以和平的方式宣扬伊斯兰真义等。

得以一窥萨拉丁其人。

在德国各个大学，对十字军东征的研究基础薄弱，止步不前——这一点与英、美相比尤为突出。但即便是在那里，依然仅有少数研究中世纪历史的学者能够阅读阿拉伯语文献并且自身从事伊斯兰历史研究。因此，在考察十字军东征的历史时，穆斯林一方的史料仍然遭到忽视。

作为首部由德国人执笔的简述萨拉丁生平的传记，本书意在弥补以上所述之不足。书中内容总体上基于笔者的研究。笔者希望，在书中所述之历史事件的背景与联系之外，本书亦能对信仰宽容问题以及圣战与政治实务之间的关系给予明晰的现实观照。

在此，我谨为我们出色的合作向 C.H. 贝克出版社特别是该社编辑诺尔特博士致以谢意。

第一章 十字军国家的建立

1 哈里发帝国的扩张

7世纪，新兴伊斯兰教的信徒从阿拉伯半岛出发，在一连串空前的胜利中征服了北非和近东地区。波斯萨珊王朝分崩离析，但其宿敌——信奉基督教的拜占庭帝国——在丧失了埃及、巴勒斯坦和叙利亚之后仍然得以保持独立。甚至是在海上，穆斯林都成了令人生畏的敌人。在第二波扩张大潮中，阿拉伯军队还蚕食了拜占庭帝国在西西里岛上的领土，后者自902年起完全控制了该岛。但到1091年，西西里岛又陷于诺曼人之手。从西西里岛出发，阿拉伯军队开始进占意大利半岛南部，并于846年洗劫了台伯河右岸的罗马城区，之后又侵袭了撒丁岛和科西嘉岛沿岸。而在欧陆最西端，阿拉伯军队早在 8 世纪便已越过比利牛斯山脉向北挺进。他们尽管在那里被击退，但依然得以长期盘踞在伊比利亚半岛的大部分地区。直到中世纪末，在长达数百年的战争之后，阿拉伯人的势力才被基督徒通过"收复失地运动"驱逐。

在基督徒看来，穆罕默德宣告创立的伊斯兰教乃是基督教的对立面。在欧洲中世纪的典籍中，穆罕默德臭名昭著，他以危险可鄙的手段诱骗民众、倾覆国家，他是冒牌的预言家，是撒旦的长子和反基督教分子。 对于伊斯兰教，欧洲的基督徒知之甚少，他们认为它是遭受玷污、带来厄运的学说，是谬论和异端。至于伊斯兰教的信徒，当时的人们并不称其为穆斯林，而是使用"撒拉森人"①

---

① 撒拉森人（Sarazenen），在阿拉伯语中本为"东方人"之义，原指生活在阿拉伯半岛西北部的闪米特人。随着阿拉伯帝国的扩张，这一概念在拉丁语文献和欧洲基督教世界中逐步变成了对信奉伊斯兰教各民族的统称。自十字军东征时代起，该词逐渐从希腊语和拉丁语被欧洲其他民族语言借入。除了原本的民族和宗教含义之外，"撒拉森人"一词在语义扩展的过程中还具有"异教、异域、黑色"等附加意义。

这个称呼，他们崇拜异教，无所信仰，是上帝、耶稣和信仰之敌，是魔鬼的子嗣，是末日降临之时将要出现的基督之敌的帮凶。伊斯兰教其实是非常严格的一神论宗教，比如它就将基督教的三位一体视作多神崇拜加以拒斥，但尽管如此，当时的人们却给伊斯兰教扣上了偶像崇拜和多神信仰的帽子。

基督教将伊斯兰教视为杀戮无度的宗教，与此截然不同的是，穆斯林却并不强迫其统御境内的犹太教徒和基督徒改宗。在穆斯林眼中，他们只是一种遭受篡改歪曲、为伊斯兰真信所超越的信仰的门徒，但尽管如此，他们依然被视为"信奉天经之人"（阿拉伯语：ahl al-kitāb）。在638年攻占耶路撒冷之后，他们仍然把建于4世纪的圣墓教堂①留给了基督徒。这座教堂于1009年被

---

① 圣墓教堂，建于传说中耶稣受难以及安葬之地，为基督徒的圣所之一。天主教称其为"圣墓教堂"，东正教则称其为"复活教堂"。326年前后，君士坦丁大帝的母亲海伦娜到访耶路撒冷，她告知当地的主教，根据传说，在罗马人修建的一座维纳斯神庙之下埋藏着耶稣的坟墓。于是，在一座建于2世纪的神庙下，人们发掘出了十字架的残片及耶稣的埋葬之地。海伦娜将十字架的残片分成三份，一份留在了耶路撒冷，另一份由她带回罗马，最后一份则送往君士坦丁堡交给她的儿子。之后，君士坦丁大帝下令在耶稣的墓地原址上修建教堂。建造工程于335年正式完工。（转下页注）

法蒂玛王朝的哈里发哈基姆（al-Hākim）下令摧毁，但数十年后又多亏拜占庭人的巧妙斡旋而得以重建。除此之外，穆斯林从未占用基督徒的这处圣地，虽然耶稣在伊斯兰教中也享有特殊的一席之地。和基督徒一样，穆斯林也将耶稣当作真主的圣灵与启示的化身，他们认为耶稣将在末世归来，并相信到时耶稣将会以他口中的气息杀死那些毫无信仰之徒。但与基督教不同的是，耶稣在伊斯兰教中并非真主之子，也并未起死回生，而是得到了真主的擢升。据说耶稣在归来之后将在麦地那下葬，长眠于先知穆罕默德和最初两任哈里发——阿布·伯克尔（Abū Bakr）和欧麦尔（'Umar）近旁。

7 世纪末，随着圆顶清真寺的兴建，穆斯林也在耶路撒冷建造了自己的圣所。而在圆顶清真寺附近，他们紧接着又修建了阿克萨清真寺①。这座圣殿意在纪念《古兰经》中有关穆罕默德的一则神迹。

（接上页注①）614 年，波斯萨珊王朝国王霍斯劳二世攻占耶路撒冷，教堂失火损毁，作为圣物的十字架亦被带到萨珊王朝的国都泰西封。630 年，拜占庭皇帝希拉克略又将十字架送回了重建后的圣墓教堂。

① "阿克萨"在阿拉伯语中为"极远"之义，阿克萨清真寺又称"远寺"。

根据经文（第 17 章第 1 节）所载，穆罕默德从（麦加的）"禁寺"夜行至（位于耶路撒冷的）"远寺"。传说在当天夜里，先知从耶路撒冷登霄至天庭。据说在腾空登霄之时，穆罕默德在一块岩石上留下了脚印，正是在这块岩石之上建起了圆顶清真寺，而这处脚印至今仍为穆斯林所顶礼膜拜。

自封为"阿拉伯人先知"的穆罕默德显然并无意将伊斯兰教的势力范围扩展至阿拉伯半岛以外的地区，他于 632 年逝世。作为他的继承人〔阿拉伯语：khalīfa（单数）〕，四位"正统"哈里发接手领导伊斯兰教信众和逐渐形成的大帝国，他们分别是阿布·伯克尔（逝世于 634 年）、欧麦尔（逝世于 644 年）、奥斯曼（Uthmān，逝世于 656 年）和阿里（'Alī，逝世于 661 年）。早在欧麦尔统治时期，伊斯兰教的扩张便已越出阿拉伯半岛。最早的四任哈里发均由选举产生，在此之后，伴随着与被称为什叶派的阿里党人的战争，开始了倭马亚家族十余位哈里发的统治，而该家族长期以来是穆罕默德最为强劲的对手。① 倭马亚家族将帝国的首都从麦地那迁到大马士革。到 8 世纪中叶，倭马亚王朝的统治被阿拔斯王朝推翻，后者起初与什叶派结盟共同反抗倭马亚家族。随着阿拔斯王朝的建立，帝国的重心从叙利亚移至两河流域。阿拔斯王朝的哈里发在底格里斯河畔建立了巴格达城，作为帝国的新都和文化中心。

2　法蒂玛王朝和塞尔柱王朝

　　尽管阿拔斯王朝的统治延续了数百年，但

① 穆罕默德在生前并未指定继承人，哈里发（"继承人"）人选因此成了穆斯林斗争的焦点。首任哈里发阿布·伯克尔由迁士派和辅士派讨论推举产生，前者是最早皈依伊斯兰教、从麦加迁至麦地那的那批穆斯林，后者则是略晚皈依的麦地那穆斯林。穆罕默德的堂弟阿里一方认为只有他们才有资格作为穆罕默德的继承人继续领导伊斯兰教，但无奈木已成舟，只得承认阿布·伯克尔的哈里发地位。第三任哈里发奥斯曼出身权倾麦加的倭马亚家族，他攻灭了波斯帝国，扩大了阿拉伯帝国的疆域，但在执政后期他任人唯亲，造成倭马亚一家独大，奢靡之风、阶层对立以及苛捐杂税引发政局动荡，最终导致奥斯曼死于造反者之手。在穆罕默德堂弟阿里成为第四任哈里发之后，他的反对者打出为奥斯曼复仇的旗号，与阿里展开斗争，其中一位代表人物是出身倭马亚家族的叙利亚总督穆阿维叶。661 年阿里之子哈桑承继哈里发之位后不思进取，安于现状，数月后便宣布退位，穆阿维叶遂于同年继任哈里发，开始了倭马亚王朝的世袭统治。在其子叶基德继位后，以阿里之子侯赛因为代表的阿里派举兵试图夺回大权，但最终落败被杀。

其衰落早在 9 世纪上半叶便已开始。王朝统治者的大权日益旁落，而其突厥禁卫军的最高统帅则权威日隆，最终位居"埃米尔①之首"的要职，得以集军权与财权于一身。除此之外，阿拉伯帝国的边疆诸省也日渐离心，妄图自立。在此期间，阿拔斯王朝哈里发的权威甚至遭到法蒂玛王朝的质疑和挑战，后者属什叶派伊斯玛仪派②，

① 埃米尔（Emir）：在伊斯兰时代早期，埃米尔为一军之统帅，在攻克一地之后便成为当地的总督。后来，一些权势日隆的埃米尔开始或多或少地行使独立的统治权，但大多数情况下他们还需争取获得哈里发的承认。

② 什叶派伊斯玛仪派：阿里次子侯赛因夺权失败被杀之后，阿里派政治处境艰难，不得不把重心转移到宗教上，形成了伊斯兰教的一大支派——什叶派。"什叶"在阿拉伯语中为"派别、同党"之义。什叶派以还权于先知家族为口号，其中先祖为穆罕默德叔父的阿拔斯家族逐步取代阿里派，成为什叶派的中坚力量。什叶派主张只有先知的后裔才有资格成为哈里发，包括阿布·伯克尔、欧麦尔和奥斯曼在内的非圣裔哈里发都是篡位者。后来什叶派又分裂成三个支派：伊玛目派、宰德派和伊斯玛仪派。伊玛目派认为有十二位秘密承袭的伊玛目（"站在前列之人、首领"），即阿里与他的直系后代。第六代伊玛目贾法尔·萨迪克曾立其长子伊斯玛仪为继承人，但后来却又改立继承人，因为和一些极端的什叶派信徒一样，伊斯玛仪不赞同对逊尼派妥协。虽然伊斯玛仪早亡，但当时有一部分什叶派信徒反对贾法尔·萨迪克改立继承人的做法，日后逐渐形成了拥护伊斯玛仪的支派。该派别只承认前六任伊玛目，并且认为伊斯玛仪是第七任伊玛目。

兴起于马格里布（Magreb）[①]，后东进征服埃及，并于 969 年建都开罗。法蒂玛王朝意在创建马赫迪的帝国，因为他们等待马赫迪在末世出现，而这末世也即将到来。根据他们的说法，马赫迪将在世间传播真信与正义。通过强大的宣传攻势，法蒂玛王朝力图推翻阿拔斯王朝。除了埃及之外，法蒂玛王朝还征服了巴勒斯坦及叙利亚大部。此外，还取得了对圣城麦加和麦地那的控制权。

除此之外，10 世纪末，突厥人的势力也在近东地区勃兴，并日益威胁阿拔斯王朝。来自中亚的突厥人皈依了伊斯兰教并向西进军，他们接受了那里的波斯文化和国家组织形式，并最终在 11 世纪征服了美索不达米亚、叙利亚和安纳托利亚。维系这些地区政治统一的是塞尔柱王朝，而王朝的统治者则被阿拔斯王朝哈里发授予"苏丹"（阿拉伯语为 sultān，意为"权

[①]　"马格里布"在阿拉伯语中原为"日落之地、西方"之义，主要包括突尼斯、阿尔及利亚、摩洛哥和西撒哈拉一带，有时也包括毛里塔尼亚、利比亚。与之相对的是"马什里克（Maschrek）"，即"日出之地、东方"，主要指利比亚以东、沙特阿拉伯以北的说阿拉伯语的地区。

力，统治"）的头衔，因为前者于 1055 年领兵进入巴格达，并参与了那里的权力斗争。他宣称自己的行动意在维护信仰、抗击异教徒，因此是合法之举。在与法蒂玛王朝和拜占庭帝国的斗争中，塞尔柱王朝以"圣行"（Sunna）——伊斯兰教正统——的先行者自居。但他们绝非阿拔斯王朝哈里发的救星，而是宿敌。直到 12 世纪塞尔柱帝国中央权威衰弱，阿拔斯王朝哈里发才再度得以在一定程度上自由行使权力。尽管哈里发的势力范围事实上仅限于美索不达米亚，但伊斯兰世界所有其他统治者理论上都仍然应由哈里发赋予权力。

1071 年，塞尔柱帝国成功占领了法蒂玛王朝控制的耶路撒冷。在耶路撒冷被攻占之后，那里的基督徒显然得到了宽待，因为当时征服者将仇恨都发泄到了被视为异端的法蒂玛王朝身上。除此之外，1071 年塞尔柱帝国还在安纳托利亚东部的曼齐克特（Manzikert）① 附近取得

---

① 曼齐克特：今称马拉兹吉尔特（Malazgirt），位于土耳其东部穆什省。塞尔柱帝国第二任苏丹阿尔普·阿尔斯兰（Alp Arslan）在此击败并俘虏拜占庭帝国皇帝罗曼努斯四世（Romanos IV）。

了对拜占庭帝国的决定性胜利。自此以后，以游牧为生的突厥人开始大举渗入拜占庭帝国在安纳托利亚的领土。1092年，苏丹马利克沙一世（Malikschāh）驾崩，之后塞尔柱帝国分崩离析。在安纳托利亚建立了所谓的"罗姆塞尔柱苏丹国"（阿拉伯语：ar-Rūm，"罗马人或拜占庭人"），定都科尼亚（Konya）①。马利克沙一世死后，叙利亚陷入了长达十余年的分裂，并最终在近东形成了犬牙相制的塞尔柱诸侯列国。这也就解释了12世纪上半叶叙利亚诸国的政治结盟何以如此频繁地更迭，而在第一次十字军东征后建立的信奉基督教的十字军国家也被卷入其中。

3 第一次十字军东征的开始

安纳托利亚的形势使得拜占庭岌岌可危，

---

① 科尼亚：今土耳其中南部城市。11世纪和12世纪之交，塞尔柱人占领了科尼亚一带，其中罗姆塞尔柱人在安纳托利亚建立了独立的苏丹国。自基利杰·阿尔斯兰一世（Kılıç Arslan I）起，科尼亚便成了罗姆塞尔柱苏丹国的首都，这座城市也进入了繁盛时代。1307年，罗姆塞尔柱苏丹国灭亡，由突厥人建立的卡拉曼侯国取而代之，统治科尼亚。1442年，奥斯曼帝国苏丹穆拉德二世（Murad II）攻灭卡拉曼侯国，科尼亚由此被纳入奥斯曼帝国的版图。

于是亚历克塞一世（Alexios I）不顾1054年以来东西方教会分裂的现状，决定向教宗乌尔班二世（Urban II）求助。1095年5月，乌尔班二世在皮亚琴察举行了宗教会议，拜占庭使节亦出席。他们抱着征召雇佣军的希望，请求军事支援，因为他们的皇帝希望能够达到独特的宣传鼓动效果，所以使团重点提出了救援耶路撒冷的构想。

1095年11月18日，教宗乌尔班二世在克莱蒙（Clermont）①举行了主要由法兰西主教参加的宗教会议。第一次十字军东征自此开始。而在这以后的两百年中，还将有数次东征随之而来。十字军远征无疑可被看作一种特殊的"圣战"，而"圣战"这一概念在基督教中古已有之。从狭义上看，十字军东征指的是西方基督徒的武装朝圣，它在教宗的号召和鼓吹之下，以夺取耶路撒冷圣墓的控制权为目的，而

① 克莱蒙：今称克莱蒙－费朗（Clermont-Ferrand），法国中部城市，位于奥弗涅－罗讷－阿尔卑斯大区多姆山省。罗马人在公元前50年击败阿维尔尼人之后，在此地建立了奥古斯托讷姆蒂姆（Augustonemetum）。从4世纪起，克莱蒙成为主教驻地。

远征参与者的罪罚与恶行也可由此得到赦免，但同时他们必须发誓将东征进行到底。从广义上看，十字军东征并非必须以朝圣为目的，而其终点也不必是耶路撒冷，因为到后来这一概念也可用来指称针对异教徒或者教宗政敌的战争。

由乌尔班二世主持的这次宗教会议原本意在讨论其他问题，因此直到会议召开的第十天教宗才发表了慷慨激昂的演说，号召信众进行东征。考虑到现场人满为患，教宗的演讲改在了城外的露天场地上举行。乌尔班二世以激烈的言辞描绘了东方基督徒遭受的所谓"威胁"，并宣布原本因"上帝之和平"① 活动受限的骑士阶层应当以与塞尔柱帝国作战为己任。

---

① 欧洲中世纪贵族之间攻伐征战频发，教会财产亦时常遭到侵夺，因此教会试图通过盟誓与世俗统治者缔结一系列决议，史称"上帝之和平"（Gottesfriede）。违背和平决议者将面临开除教籍的惩罚，同时还会遭到武力制裁。相关决议旨在保护手无寸铁的民众（包括神职人员、农民、穷人、妇女、商人）、公共建筑与设施（包括教堂、墓园、广场和街道）以及家畜等免受武力侵袭。之后又出现了"上帝休战"（Treuga Dei），即在每周特定的日子和宗教节日都不得发动针对全民的战事。

教宗的演说大获成功。听众群情激昂，发誓要奔赴东方，与穆斯林作战。为了宣誓决心，他们将衣袍裁成十字架的形状，并依照《马太福音》（10：38）所载将其缝到自己的肩上，因为《马太福音》有云："不背着他的十字架跟从我的，也不配作我的门徒。"其实这些人中有部分早已提前知晓了乌尔班二世的意图。根据宗教会议的决议，教会保证，那些纯粹是出于虔诚才决意前往耶路撒冷解放圣城的人，可以免于支付由教会强加的世俗罚金。然而，这其实别有深意，因为根据当时的神学教义，只有所有罪孽已然得到上帝宽宥之人才被允许参加东征。

乌尔班二世把他的号召与基督教数百年以来前往耶路撒冷朝圣的传统联系起来。即便是在信奉伊斯兰教的阿拉伯人征服巴勒斯坦之后，欧洲人前往耶路撒冷的朝圣浪潮也并未戛然而止。圣人遗物的交易使人们对东方圣迹的兴趣经久不衰。而随着忏悔朝圣的出现，这一做法更是蔚然成风。当时教会要求犯下重罪之人前往罗马、圣地亚哥①或者耶路撒冷朝圣忏悔，以示惩戒。十字军战士与朝圣者的区别其实就在于前者持有武器，因为他们和朝圣者一样会携带手杖②和挎包这两件标志性的物件。值得一提的是，十字军东征在史料中还被称为"peregrinatio"③，即朝圣之旅。正如法语词"croiserie"所示，这一概念直到13世纪中叶才出现。

尽管朝圣思想和圣战理念意义重大，但骑士阶层踊跃参与第一次十字军东征的动因却并

---

① 圣地亚哥 - 德 - 孔波斯特拉（Santiago de Compostela）：西班牙西北部古城，世界文化遗产，城内的主教座堂相传为耶稣十二门徒之一的圣雅各伯安葬之地。该城由此成为天主教的朝圣之地，同时也是东起法国的圣雅各伯朝圣之路的终点。"圣地亚哥"（Santiago）之名源于拉丁语词组"Sanctus Iacobus"，意为"圣雅各伯"。"孔波斯特拉"（Compostela）有两种解释，一说为"繁星原野"（campus stellae）之义，一说则与"墓地"（compostum）相关。

② 朝圣手杖又称为"圣雅各伯之杖"，杖高及胸，有的也有一人之高，12世纪时被誉为朝圣者的"第三足"，暗喻三位一体。

③ "peregrination"一词源于拉丁语，意为"异乡生活"，罗马天主教僧侣常用它来转指"远离世俗世界"。中世纪时期人们用该词的派生形式"peregrini"称呼那些出于宗教原因远赴异乡朝圣的人，于是该词便进入欧洲各大语言，意为"朝圣者"，如英语的"pilgrim"、德语的"Pilger"、法语的"pèlerin"等。

不仅仅在于宗教、集体心理和骑士伦理。除此之外，经济和社会因素以及冒险精神和掠夺欲望也同样起了作用。人们希望能够在东方寻得好运，取得比在家乡更高的地位。

1095~1096 年对十字军东征的狂热并非只局限于克莱蒙和法兰西王国。主教们力图借助传教士将教宗的旨意广布民间。但他们却无力阻止这次行动陷入局部的失控。1096 年春天，大批民众未经组织便踏上了征途，但他们中的大多数人在途经巴尔干半岛和如今的土耳其时便已蒙难。至于此次所谓的"十字军东征"中最为声名狼藉的凄惨一幕，则要数多起对数座德意志城市中犹太人的大屠杀，其罪魁祸首也绝不只有臭名昭著的弗隆海姆的埃米乔（Emicho von Flonheim）伯爵一人。除了纯粹的贪欲之外，在此起到根本作用的还有思想层面的因素，因为当时的人们或是因基督之死而意欲向犹太人复仇，或是想以暴力迫使犹太人改宗基督教。

来自法兰西王国和诺曼人治下的意大利南部的正规骑士军队直到数月之后才在君士坦丁堡城下集结。在拜占庭人看来，他们更多的是一种威胁而非祈求而来的援兵。直到十字军于1097年春离开拜占庭帝国、开始向叙利亚和巴勒斯坦方向前进，拜占庭人才算松了口气。对拜占庭人而言，圣战的理念依然陌生。与西方世界形成鲜明对比的是，拜占庭人并不相信自身灵魂的救赎可以通过血刃他人来实现。

4　圣地的十字军

在到达叙利亚北部之后，十字军在安条克城外一度陷入困局。围困八个月之后，十字军才于1098年6月初攻克安条克城区，并在三周之后占领该城要塞。尽管十字军和拜占庭人在君士坦丁堡有约在先，但安条克并没有被移交到拜占庭皇帝手中，反而是诺曼人博希蒙德（Bohemund）将此地据为己有，建立了自己的侯国。在此之前，布洛涅的鲍德温（Balduin von Boulogne）已于1098年3月在埃德萨（Edessa）① 建国，他便是后来耶路撒冷王国的首

---

① 埃德萨：今土耳其东南部城市尚勒乌尔法（Şanlıurfa），第一次十字军东征时以此城为中心建立了埃德萨伯国。1141年11月，埃德萨伯国被赞吉攻灭，由此引发了第二次十字军东征。

任国王。1099年，十字军继续向耶路撒冷方向挺进，而在这不久前耶路撒冷已再度落入法蒂玛王朝之手。法蒂玛王朝徒劳地向十字军提议结盟，其前提是异邦人不得踏足巴勒斯坦。而这一点恰恰误判了十字军东征的性质。6月6日，十字军攻占伯利恒。6月13日，十字军大举进攻耶路撒冷，却并无胜绩。直到一个月以后，也就是1099年7月15日，布永的戈弗雷（Gottfried von Bouillon）和他率领的洛林人才攻破了耶路撒冷城墙，并为他们的战友打开了城门。于是，圣城便为十字军占据。历时三年，十字军东征的目的终于达到。然而，他们对征服却远未尽兴，因为一部分十字军并没有回归故土，他们选择留在东方。而他们所看重的是将已经获得的统治长期稳固下来。1109年7月21日，被围困数年的港城的黎波里（Tripolis）① 陷落，随之建立了的黎波里伯国，

---

① 的黎波里：黎巴嫩北部地中海沿岸城市，公元前9世纪腓尼基人在此建立了贸易据点，来自赛达（Sidon）、艾尔瓦德岛（Arwad）和泰尔三地的商人在此定居，由此形成三个城区，得名"三城之地"（Tripoli）。此后，的黎波里相继为波斯帝国、亚历山大帝国、塞琉古帝国和罗马帝国征服。

这也是最后建立的十字军国家。在此之前，埃德萨伯国、安条克公国和耶路撒冷王国均已相继成立。至于十字军控制地中海东部沿岸全线，则要到数十年以后泰尔（Tyrus）①和亚实基伦（Askalon）②分别于 1124 年和 1153 年被攻占。

耶路撒冷被攻占后发生了惨绝人寰的屠杀。当十字军侵入城内时，众多穆斯林来到阿克萨清真寺寻求避难，此时清真寺所处的寺院街区③已

① 泰尔：也译作推罗、苏尔、提尔等，黎巴嫩南部地中海沿岸城市，为腓尼基人所建，曾臣服于亚述帝国，后被亚历山大大帝征服。罗马人曾在泰尔大兴土木，宏大的建筑遗迹至今犹存。636 年 8 月 20 日，阿拉伯人在雅莫科河（Jarmuk）畔击败了东罗马帝国军队，泰尔自此归属阿拉伯帝国。1089 年，泰尔被纳入塞尔柱王朝版图，之后又为法蒂玛王朝所控制。

② 亚实基伦：地中海沿岸城市，位于今以色列中部，自青铜时代直至中世纪都是重要的贸易城市，扼守埃及与巴勒斯坦之间的交通要道。

③ 即圣殿山，位于耶路撒冷老城南部，山顶为人工筑成的平台，曾建有犹太教的耶路撒冷圣殿，现为伊斯兰教的圆顶清真寺，圣殿山南侧为阿克萨清真寺。落成于公元前 951 年的第一圣殿又称所罗门圣殿，586 年被巴比伦国王尼布甲尼撒二世摧毁。公元前 521 年，在波斯帝国居鲁士二世和大流士一世的支持下，第二圣殿开始修建，并于公元前 516 年落成。在罗马帝国时期的第一次犹太战争（66~73）中，后来成为罗马皇帝的提图斯攻占了耶路撒冷，而守军则固守第二圣殿，抵抗到最后一刻。战争结束后，第二圣殿被付之一炬，洗劫一空。现存罗马城中的提图斯凯旋门就是为纪念这场胜利而修建的。

有阿拉伯语名称——哈拉姆－沙里夫（al-Harām asch-Scharīf）。在承诺支付巨额赎金之后，穆斯林向诺曼人坦克雷德（Tankred）投降，而后者的部属早已侵袭、劫掠了圆顶清真寺。但是，阿克萨清真寺竖起的坦克雷德的旗帜却并没有给他们带来期望中的保护。幸免于难的只有城市长官及其部队以及一些犹太人，他们起先还可以据守大卫塔①的要塞，在得到免于伤害、行动自由的允诺之后，他们撤到亚实基伦。耶路撒冷的大多数居民则惨遭十字军的血腥屠戮，其中可能还有东方的基督徒，他们因被误认作异教徒而被屠杀。到第二天，征服者中的一部

---

① 　大卫塔：耶路撒冷老城西城墙雅法门附近的一座要塞，始建于公元前24年，当时大希律王在耶路撒冷西城墙的基础上建造了一座带有三座高塔的城堡。第一次犹太战争之后，虽然罗马人平毁了耶路撒冷，但这处城防工事却得以幸存。拜占庭帝国时期，三座高塔之中有两座被毁，而第三座高塔的塔基至今仍存于雅法门近旁。16世纪，奥斯曼帝国的苏莱曼一世重建了要塞，其中新建的宣礼塔今被称为"大卫塔"。但这一名称其实与大卫王并无关系，而是以讹传讹的结果。拜占庭时期人们基于罗马犹太历史学家弗拉维奥·约瑟夫斯（Flavius Josephus）的绘图，误以为《圣经·旧约》中提到的耶路撒冷就在当时西城墙要塞所在的位置，于是便把其中的一座高塔和大卫王联系在了一起。但实际上，大卫王时代的耶路撒冷位于圣殿山南侧。

分人甚至进入阿克萨清真寺内部，杀死了所有在那里寻求庇护的穆斯林。之前公开和穆斯林一起并肩作战、守卫耶路撒冷城墙的犹太人也难逃厄运。他们中的大多数人逃到自己的祷告场所或犹太会堂里，但最终却和在其中避难的人群一道活活被火烧死。其他人则被卖为奴隶，但好在屡次都被外地的教友赎回。自此以后，犹太人和穆斯林都被禁止在耶路撒冷居住。取而代之的是默基特①教会的基督徒，他们是国王鲍德温一世下令从约旦河东岸迁来的。尽管如此，巨大的人口损失却无法得到弥补。

也许会让人觉得惊异的是，伊斯兰教的圣所并未遭到摧毁。布永的戈弗雷下令将被十字军称为"天主之殿"（*templum domini*）的圆

---

① "默基特（Melkiten）"一词源于古代叙利亚语的"malka"，意为"国王、皇帝"。在迦克墩公会议之后，被视作异端的东方教会开始用"默基特"一词指称近东地区受到罗马帝国皇帝支持的基督教会，以示贬义，但后者后来也逐渐接受了这一称呼，并将其用作自称。默基特教会教徒在当时大多为操希腊语的城市居民，主要分布在今埃及、叙利亚、以色列和巴勒斯坦一带。默基特教会有亚历山大港、安条克和耶路撒冷三大牧首区，均隶属于君士坦丁堡大牧首。

顶清真寺作为世俗教士①的修道院，之后又成为教团教士的修道院。此时已被称为"所罗门之宫"（*palatium Salomonis*）或"所罗门之庙"（*templum Salomonis*）的阿克萨清真寺，则被戈弗雷选中作为自己的宫殿。1119 年，鲍德温二世（Balduin II）②将清真寺的一部分赐予新成立的圣殿骑士团，作为其驻地。十年之后，整座清真寺都成了圣殿骑士团的财产。尽管历经多次改建，哈里发欧麦尔的祷告壁龛（阿拉伯语：mihrāb）却保留了下来，并且依然可辨。有幸留存的还有天花板上的阿拉伯语铭文，其中甚至有一句出自《古兰经》的引文。

"天主之殿"中最为古老的祭坛据称建于 1101 年，但是直到 1141 年圆顶清真寺才正式改作教堂，以敬献给马利亚。虽然"天主之殿"

---

① 世俗教士：指未宣誓入教的教会团体成员，他们可以保有自己的私人财产，并可随时脱离教会团体。

② 鲍德温二世（1080~1131）：法兰西布尔克（Bourcq）领主，1096~1099 年参与第一次十字军东征进入圣地，1101 年他的表兄鲍德温一世晋封他为埃德萨伯爵，而鲍德温一世则成为耶路撒冷王国首任国王。1118 年，鲍德温一世无嗣而终，鲍德温二世遂继承耶路撒冷王国王位。

的大理石地面覆盖了伊斯兰教的岩石圣迹，在此之上又建起了带有主祭坛的圣坛，但用阿拉伯语书写的《古兰经》铭文完好无损。十字军仅满足于添加拉丁语铭文，却无意于用新的铭文去覆盖阿拉伯语等语言的原有文字。这种做法本就令人惊异。而更为夸张的是，恰恰是在"天主之殿"中，年代最早的拉丁语铭文是专门关于上帝之子耶稣及三位一体的，其中还称颂穆罕默德是"末日审判"之时上帝的使者与穆斯林的代言人。尽管十字军肯定看到了阿拉伯语铭文，但是对于铭文的含义，他们显然是不清楚的。对于圆顶清真寺是一座伊斯兰建筑的事实，他们一开始也并不知晓。他们只是把这座建筑和《圣经·新约》中在寺院里发生的故事联系了起来。比如穆斯林崇敬的穆罕默德的脚印被他们重新解读为耶稣的脚印。意义尤为特殊的则要数马利亚三岁时被纳入寺院贞女行列的故事，不论是基督徒还是穆斯林，人们对这段故事都颇为熟悉。正如围绕这一寺院街区展开的其他伊斯兰教传说一样，十字军显然也是效仿前人，把寺院贞女马利亚的传说移植到了这里。

尽管穆斯林在基督徒统治期间被禁止在耶路撒冷居住，但他们依然被允许以朝圣者的身份进入圆顶清真寺和曾经的阿克萨清真寺。大概在耶路撒冷王国的其他地方，穆斯林也被允许参拜他们敬奉的各处圣所，如位于希伯仑（Hebron）①的亚伯拉罕、以撒、雅各与约瑟的墓地。这对基督徒而言可算是一笔收入颇丰的生意，至少部分如此。

5　基督徒治下穆斯林的境遇

许多穆斯林并未屈从于新政权的统治，他们或是迁往叙利亚，或是移居埃及。他们之所以选择迁移，并不仅仅是因为如果他们留在原地基督徒便会迫使他们迁走，也并不只是因为征服者的血腥屠戮对他们而言并不是什么祥兆。事实上，除了耶路撒冷，十字军不仅在安条克

---

①　希伯仑：约旦河西岸城市，位于耶路撒冷以南30公里处，和耶路撒冷、提比里亚（Tiberias）、采法特（Safed）并称犹太教四大圣城，在伊斯兰教中也是位列麦加、麦地那和耶路撒冷之后的第四大圣城。

（1098）、海法（1100）、凯撒里亚（Caesarea）^①（1101）、托尔托萨（Tortosa）^②（1102）和贝鲁特（1110）大开杀戒，还背信弃义地在迈阿赖－努阿曼（Maarat an-Numan）^③（1098）、阿卡（1104）和的黎波里（1109）进行了大屠杀。穆斯林之所以迁居他乡，更多的是因为他们认为穆罕默德曾迁出当时还信奉异教的麦加，依照这一先例，他们也应该离开故土，而不是在基督徒的统治下生活。如果他们留在故乡，那么他们便不可能履行自己的宗教义务，而且会使自己陷入叛教的险境。

---

① 凯撒里亚：全名滨海凯撒里亚（Caesarea Maritima），位于海法和特拉维夫之间，历经亚历山大帝国、罗马帝国、拜占庭帝国、波斯萨珊王朝、阿拉伯帝国、十字军国家的统治。1275年被马穆鲁克王朝苏丹拜巴尔一世攻占之后日渐衰落，变为一片废墟。包括罗马剧场、水道桥以及十字军时代的城址等在内的历代遗迹至今犹存。

② 托尔托萨：今叙利亚塔尔图斯（Tartus），位于地中海东岸，十字军东征期间称托尔托萨，现存的圣母教堂即为这一时期所建。

③ 迈阿赖－努阿曼：位于今叙利亚西部。努阿曼为该城第一任伊斯兰总督，全名努阿曼·伊本·巴希尔（an-Numan ibn Baschir），为先知穆罕默德的挚友。1135年，该城被赞吉王朝夺回。

至于贝特谢安（Baisān）①、雅法（Jaffa）②、拉姆拉（Ramla）③、提比里亚（Tiberias）④、阿塔（Artāh）⑤、巴利斯（Bālis）⑥ 和曼比季（Manbidj）⑦ 这几座城市（前四个城市于 1099 年被攻克，阿塔于 1105 年被攻克，后两个城市于 1110 年被攻占），我们所知道的是当地的

---

① 贝特谢安：位于今以色列东北部，存有众多古典时代的遗迹。

② 雅法：地中海沿岸城市，位于今以色列中部。曾长期为腓尼基人所控制，建造第一圣殿和第二圣殿所需的木材便是经由雅法运往耶路撒冷的。罗马帝国时期，雅法属犹地亚行省，并在君士坦丁大帝时成为主教驻地。636 年，哈里发欧麦尔征服雅法。

③ 拉姆拉：位于今以色列中部，由阿拉伯帝国倭马亚王朝哈里发苏莱曼 – 伊本一世（Sulaimān ibn 'Abd al-Malik）于 716 年所建。1101~1105 年，十字军先后三次击退企图夺回该城的埃及法蒂玛王朝军队。

④ 提比里亚：位于今以色列东北部、加利利海西岸，和耶路撒冷、希伯仑和采法特同为犹太教四大圣城。公元 17 年，大希律王之子希律·安提帕斯（Herodes Antipas）始建此城，并将其命名为"提比里亚"，以表达对罗马皇帝提比略的敬意。公元 70 年耶路撒冷被毁之后，提比里亚成为犹太教的信仰中心。637 年，阿拉伯人攻占提比里亚，但城内依然由犹太人居住。

⑤ 阿塔：位于安条克东北方 25 英里处的一座中世纪要塞，被称为"安条克之盾"。

⑥ 巴利斯：叙利亚中北部城市，位于幼发拉底河中游河曲南端，今称"伊玛"（Emar）。

⑦ 曼比季：叙利亚北部城市，罗马皇帝尤利安在远征萨珊王朝沙普尔二世时在此驻军，查士丁尼一世也曾下令扩建该地的防御工事。

穆斯林在十字军到达前就已经逃离。阿尔苏夫
（Arsūf）[①]、阿卡（Akkon）[②]、泰尔和亚实基伦这
几座城市在得到可以自由撤离的保证之后便向
十字军投降了，在这些城市中，所有有能力离
开的穆斯林似乎都已迁走。而在那些经过激战
才被攻陷的城市，穆斯林要么遭到驱逐，比如
希伯仑（1099），要么因为在最后时刻未能逃
离而被杀害或沦为奴隶，比如迈阿赖－努阿曼
（1098）、海法（1100）、凯撒里亚（1101）和
托尔托萨（1102）。

　　十字军在所进占城市的血腥屠杀止于1110
年，在此之后便再也未对穆斯林或犹太人进行
过迫害，也未曾试图以暴力手段迫使他们改宗。
至于1100年在历经一场大屠杀后被最终征服

---

①　阿尔苏夫：位于今以色列中部地中海沿岸、特拉维夫
以北15公里处，先后为哈斯蒙尼王朝、大希律王所统
治，后被纳入罗马帝国犹地亚省。1265年，马穆鲁
克王朝的拜巴尔一世攻占阿尔苏夫，平毁了城墙和要
塞，此城遂遭废弃。

②　阿卡：今以色列北部港口城市，早在青铜时代的文献
中就已有关于该城的记载，在波斯帝国阿契美尼德王
朝时期成为具有重要战略地位的经济重镇。公元前281
年，阿卡被纳入埃及托勒密王朝的版图。公元前64年
前后，罗马人攻占阿卡。

的海法，我们所知晓的是十字军向穆斯林提出，他们要么选择接受基督教并由此得以保全其财产和所有权利，要么选择继续信仰伊斯兰教并因此丧失所有财产，而在后一种情况下，穆斯林依然有权选择迁居或屈服于基督徒的统治。至于十字军在攻占赛达（Sidon）①（1110）前是否也向其他城市的穆斯林居民提出过诸如此类的条件，我们不得而知。

那么在上文所提到的城市中，是否至少有一部分逃离的穆斯林后来又返回了呢？除了穆斯林奴隶之外，在这些城市中是否还生活着身份自由的穆斯林呢？对于这些问题，目前尚存争议。能够提供正面证据的仅有泰尔一城。但据说到萨拉丁收复失地的 1187 年，在朱拜勒（Djubail）② 和贝鲁特生活的大多数居民是穆斯林，他们之中也可能并不只有奴隶。然而，早

①　赛达：今黎巴嫩南部地中海港口，古典时代为腓尼基人的重要城市之一。罗马帝国皇帝韦斯巴芗下令大力扩建赛达的城防。636 年拜占庭帝国在雅莫科河战役中失利之后，赛达便落入了阿拉伯人之手。

②　朱拜勒：位于今黎巴嫩中部，十字军称之为比布鲁斯。1103 年 4 月 28 日，图卢兹伯爵雷蒙德四世在热那亚舰队的帮助下攻占了朱拜勒并建造了一座要塞。

在 1104 年，十字军在签订了安全协议的情况下，依然对比布鲁斯的穆斯林大肆劫掠，贝鲁特的穆斯林则在 1110 年遭到十字军的血腥屠杀。在那些享有自由身份的穆斯林居住的城市中，也许还有清真寺，但穆安津①的宣礼可能遭到禁止。这与诺曼人治下的西西里岛截然不同，但在穆斯林统治下的基督徒也须忍受同样的限制。能够确证建有清真寺的仅有纳布卢斯（Nablus）②和泰尔。至少在这两座城市中，可能还有什叶派居住，而其人数也许甚至超过了逊尼派。

至于农村人口的组成情况，在耶路撒冷王国，穆斯林似乎占了大多数。当然，可以猜想的是，其中有很大一部分应该是奴隶。而这与安条克公国和埃德萨伯国全然不同，在那里的农村，基督教人口总体而言占多数。此外，我们还可以认为，许多农村里要么全都是穆斯林，要么全都是基督徒。鉴于穆斯林这种与外界隔

---

① 穆安津：伊斯兰教中负责在清真寺宣礼塔上唤拜的专职人员，第一位穆安津是埃塞俄比亚奴隶比拉勒，被阿布·伯克尔赎身，后追随先知穆罕默德传教。

② 纳布卢斯：今巴勒斯坦中北部城市，位于两山之间的谷地，前身为《圣经·旧约》中的"示剑"。

绝的生活状态，可以料想他们的宗教活动并未受到干扰。

到 12 世纪中叶，纳布卢斯的西南方出现了严重的动荡：当地的一个村镇上居住着一位伊斯兰教法学家，他每周五的布道（阿拉伯语：khutba）① 吸引了周边村镇的众多穆斯林前来聆听，一时蔚然成风。这一情况——当然也可能是布道内容本身——引起了地主的不满。后者先前就已经迫使穆斯林上缴高出常规四倍的人头税，除此之外，他还增设了砍腿这一刑罚。在聆听了周五的布道之后，他认为农民没有必要因为参加布道而停止劳作，于是便下令杀死这位法学家。然而，后者成功地逃到大马士革。在突破了穆斯林邻居的围堵之后，他的家人也成功逃脱。而他的其他听众也同样秘密地离开了自己的家乡。参与其中的有名有姓之人共有 155 人，一共来自 9 个村庄。在耶路撒冷王国的其他地方，穆斯林农民的生活似乎也颇为艰苦，

---

① 又称"呼图白"。布道以在位的哈里发或者当地君主的名义进行。在布道开始之前，还会宣布哈里发颁行的政策。

但据前往麦加朝圣的安达卢西亚人伊本·朱贝尔（Ibn Djubair）[1] 亲眼所见，与生活在伊斯兰统治下的教友相比，当地穆斯林的赋税压力并没有那么大。

就这一点而言，文献中鲜有十字军国家穆斯林造反的记载，这也不足为奇。毫无疑问的是，并不是所有的穆斯林都把基督徒的统治当作无法忍受的枷锁。这一点在1163年鲍德温三世（Balduin III）[2] 逝世时穆斯林所表现的悲伤中也可见一斑。据说当鲍德温三世的遗体从贝鲁特运往耶路撒冷之时，穆斯林从山上下来，向他致以最后的敬意。至于这位国王是因何获得如此威望的，我们不得而知。

在十字军国家中，甚至有常住的穆斯林

---

① 伊本·朱贝尔（1145~1217）：阿拉伯地理学家和游记作家，1145年出生于瓦伦西亚，曾任穆瓦希德王朝格拉纳达总督的邮政官，先后游历了撒丁岛、西西里岛、克里特岛、埃及、叙利亚、伊拉克、波斯等地，于1217年在埃及亚历山大港逝世。他在游记中记录了十字军国家法兰克人和穆斯林和睦共处的场景。

② 鲍德温三世（约1131~约1163）：1143年继位为耶路撒冷国王，1148年和德意志国王康拉德三世和法兰西国王路易七世约定进攻大马士革，但最后未获成功，第二次十字军东征无果而终，而原先与基督徒结盟的大马士革也随之倒向赞吉王朝的后继者努尔丁。

自愿皈依基督教。因此，前往托尔托萨大教堂——据称是最早敬献给圣母马利亚的教堂——朝圣的不仅有基督徒，还有相信奇迹的穆斯林，他们把自己的儿子送到教堂受洗，或以此祈求他们长命百岁，或希望他们重获健康。最想要皈依的则是沦为奴隶的穆斯林，但他们只是希望借此重获自由，而并非出于自身信仰选择改宗。然而，对于奴隶渴望受洗的诉求，大多数信奉基督教的奴隶主都颇为抗拒。当时的法律明文规定，凡是从主人处逃脱并且在耶路撒冷王国其他地方受洗的奴隶均不得重获自由。

第二章　十字军与"吉哈德"

1　穆斯林眼中的十字军东征

对于伊斯兰世界的历史而言，历次十字军东征最为重要的政治后果在于它造成了埃及和叙利亚在同一个政权下长期统一的局面。然而，对于伊斯兰教统治下的诸国而言，十字军东征带来的威胁却不宜被夸大。这是因为在征服了耶路撒冷和黎凡特（Levante）①的所有港口城市之后，十字军虽然对大马士革造成威胁，且几

---

① 黎凡特：古代地理概念，广义上指意大利半岛以东的地中海沿岸地区，包括希腊半岛、爱琴海诸岛、土耳其、塞浦路斯、黎巴嫩、巴勒斯坦、叙利亚和埃及等地，狭义上仅包括地中海东岸及其腹地，如今天的叙利亚、黎巴嫩、以色列、巴勒斯坦、约旦以及土耳其的哈塔伊省。

度危及富饶的埃及，却从未进逼哈里发所在的巴格达以及麦加和麦地那这两座圣城。

显而易见的是，1187 年萨拉丁收复耶路撒冷的举动对欧洲大多数基督徒的影响也要比对东方的穆斯林大得多。尽管耶路撒冷被穆斯林视为圣城和"末日审判"之地，其尊贵地位也仅次于麦加和麦地那，而"吉哈德"又可以与基督徒的"圣战"相提并论，但是穆斯林在抗击十字军的"吉哈德"中的投入却显然相当有限，尽管他们得到保证，参加"吉哈德"后可以登临彼岸天国，而萨拉丁也尽其所能对"吉哈德"大肆宣扬。

十字军东征的时代是叙利亚和埃及史书编纂繁荣的时代。但正像穆斯林对欧洲的兴趣大体有限一样，与十字军的战斗也绝非当时史书的主题。第一次十字军东征起初被穆斯林视为拜占庭人的军事行动，毕竟他们与拜占庭人之间的战争时断时续，已有百年之久。穆斯林将基督徒的十字军东征与伊斯兰教的"吉哈德"进行对比，这早在 1105 年便有记录。尽管如此，但直到数十年以后穆斯林才弄清楚，这对于拜占庭人而言也颇为陌生的十字军东征其实是一场将朝圣与战争相结合、意在解放耶路撒冷的远征，同时教宗还是这场军事行动的发起人——而这主要还得归功于第三次十字军东征时萨拉丁的大力宣传。但在很早的时候，人们就已经发现，西班牙的"收复失地"运动、诺曼人攻克西西里岛的军事行动和东方的十字军远征之间存在关联。

耶路撒冷的陷落和十字军国家的建立并未在伊斯兰世界引起周边国家一致抵抗的行动。尽管伊斯兰世界有着自愿为信仰而战的长久传统，但这一变局也并未引发民众自发的大规模起义。即便是到萨拉丁统治后期的几十年间，自愿参加"吉哈德"抗击十字军的穆斯林也依然仅是微弱的少数。第一次十字军东征之所以成功，在相当程度上是因为埃及法蒂玛王朝哈里发的权威日益衰微。但更为重要的原因则是塞尔柱帝国四分五裂，而随之到来的还有叙利亚各大城市的突厥统治者陷入敌对争斗之中。除此之外，起初在埃及人和突厥人之间也并未形成值得一提的军事合作，以共同抵御"法兰克人"（阿拉伯语：ifrandj 或 farandj）。

恰恰相反的是，埃及人和突厥人都做好了与法兰克人妥协的准备。叙利亚各大突厥城邦的君主成功地将外来的异族拖入他们的外交游戏之中，并借助法兰克人这一新兴势力来谋取自身的利益。对他们而言，与埃及的法蒂玛王朝哈里发以及两河流域的塞尔柱帝国苏丹日益增长的扩张威胁相比，十字军国家只能算是两害相权取其轻。法兰克人接受了突厥人向他们提出的结盟请求，并和穆斯林一样近乎无所顾忌地与信仰之敌缔结了用来对付教友的协议。法兰克人与突厥人的统治精英在面临非叙利亚势力的威胁之时同舟共济，以维护政治均势，甚至镇压（非法兰克和非突厥）民众的反抗，这是叙利亚地区"列邦体系"的一大特征。比如在 1115 年，结成大联盟的十字军国家、阿勒颇、大马士革和马尔丁（Mārdīn）① 在对塞尔柱帝国苏丹的战争中取得胜利，挫败了后者重新征服叙利亚的图

①　马尔丁：位于今土耳其东南部，邻近叙利亚和伊拉克边境。

谋。但这样的结盟绝不意味着在外患平息之后结盟者也会放弃对外扩张，不再侵犯曾经的盟友。

2 "吉哈德"思想的工具化

伊斯兰国家并未出现可以与第一次十字军东征相提并论的应对行动。不论是巴格达阿拔斯王朝的哈里发，还是他在开罗的法蒂玛王朝的宿敌，都未曾投入兵力抗击法兰克人，哪怕是口头上的承诺都没有。而真正采取行动的只有塞尔柱帝国苏丹。战事起自1106年，塞尔柱帝国苏丹一声令下，突厥军队打着"吉哈德"的旗号，从美索不达米亚北部出发向叙利亚进军。但这却并不能看作伊斯兰世界团结一致、共抗十字军的军事行动。不论是对"吉哈德"思想的大肆宣扬，还是鼓动全体穆斯林与法兰克人作战的号召，都不过是美索不达米亚北部以及叙利亚北方的掌权者为使彼此间的战事合法化想出的托词而已。除却1115年，这场起自两河流域、直指叙利亚的军事进攻其实并非由塞尔柱帝国苏丹直接指挥，而是由摩苏尔的阿德贝格（Atābak）①主导。尽管这一战事被描述成支援叙利亚穆斯林抗击法兰克人的作战行动，但它却并非源自伊斯兰世界大一统的思想。更为合理的解释是，这场战争其实是由伊拉克地区的冲突以及塞尔柱帝国苏丹和摩苏尔当权者的扩张诉求带来的，其首要目标并不在于终结法兰克人的统治，尽管叙利亚的求援之声在巴格达的哈里发宫殿和清真寺引起的回响确实在很大程度上促成了当局发兵支援。

十字军国家与其叙利亚穆斯林邻邦的关系后来发生了转变，但这并不是由于"吉哈德"思想展现出的力量，而是因为摩苏尔和阿勒颇在突厥人伊马达丁·赞吉（'Imādaddīn Zankī）治下归于一统。1128 年，阿勒颇向赞吉敞开城

---

① 阿德贝格：塞尔柱王朝头衔，盛行于 11~13 世纪，原为"太傅""摄政者"之意，有教导未成年的王公子弟之责。如果成年君主离世，那么阿德贝格就必须捍卫君主幼子的地位并辅佐其处理国事，直至后者成年亲政。后来，阿德贝格的权势日益坐大，他们利用自己辅佐王室后裔的特殊地位，成为独霸一方的诸侯，且世袭罔替，俨然国中之国。其中最为有名的便是赞吉，他被塞尔柱王朝苏丹马哈茂德二世（Mahmud II）任命为摩苏尔和阿勒颇总督，并以阿德贝格的身份辅佐苏丹的两个儿子。

门，而在此前一年，塞尔柱帝国苏丹已将摩苏尔的政权托付给他。这样一来，就形成了一个跨地区的势力范围。从此以后，阿勒颇便成了叙利亚其他诸邦的盟友，但同时它的独立地位也得到了保证。

赞吉通常被看作"吉哈德"的先驱者，是致力于结束伊斯兰世界分裂割据状态以共同抗击法兰克人的开路先锋。但实际上他不过是想借口法兰克人对穆斯林形成威胁，在受命于塞尔柱帝国苏丹统辖摩苏尔的同时进一步获得名义上对叙利亚的最高统治权罢了。就像他在摩苏尔的诸位前任以及塞尔柱帝国苏丹一样，赞吉也只是把"吉哈德"思想当作扩大自身权威的工具。一直到1137年，在赞吉统辖的区域从未出现一次对"吉哈德"的官方宣传，而赞吉对十字军国家同样鲜有特殊兴趣。直到他的儿子及继任者努尔丁的时代，也就是1146年以后，将法兰克人驱逐出耶路撒冷和地中海东岸地区的思想才成为宣传的主题。

当赞吉1135年试图将大马士革纳入其统治范围的行动未获成功时，他便成为叙利亚诸强——不论是穆斯林还是基督徒——的众矢之的。但是，当拜占庭人于 1137 年和 1138 年派兵进入叙利亚北部进行干涉并在 1138 年对阿勒颇发动进攻时，赞吉因势而动，想到了叙利亚地区历来主张政治均势的传统，便谋求与大马士革和十字军国家保持均势。这样一来，拜占庭帝国的征战便使叙利亚诸邦彼此接近。也正是在这样的背景下，赞吉于 1138 年迎娶了大马士革侯爵的母亲，并获得了作为嫁妆的霍姆斯 ①。

1139 年 6 月 23 日，大马士革的希哈巴丁·马哈茂德（Schihābaddīn Mahmūd）遭到谋杀，赞吉以此为由，开始再次着手进攻这座城市。但就像 1135 年一样，赞吉在大马士革遭遇的抵抗是如此之大，以致他对进攻巴勒贝克城（Baalbek）② 一

① 霍姆斯：今叙利亚西部城市，古称埃米萨（Emesa），因位于前往波斯湾的商道之上，在罗马帝国早期经济发达，文化繁荣。在尼禄和韦斯巴芗在位时期，埃米萨的诸侯派兵大力支持罗马帝国对犹太人的战争。后来，皇帝图密善取消了埃米萨的独立地位，将其划入叙利亚行省。637 年，拜占庭帝国在雅莫科河战役中被阿拉伯人击败，埃米萨由此被阿拉伯人控制。
② 巴勒贝克：位于今黎巴嫩中东部，早在公元前 8 世纪就已有人在此定居，罗马帝国曾在此大兴土木，建造了恢宏壮丽的朱庇特神庙等一批建筑。1984 年，巴勒贝克老城和罗马神庙遗址被列入《世界文化遗产名录》。

度犹豫不定。最终这座城市大概在 10 月 10 日落入赞吉之手，驻守要塞的部队也在几天后向他投降，因为据称他们得到了安全（阿拉伯语：amān）保证。赞吉确实做出了这样的承诺，但他并未信守诺言，而是下令把所有未能逃脱的驻防士兵钉死在十字架上。

3 大马士革与耶路撒冷

赞吉这一背约之举后来被证明是犯了一个后果严重的错误，因为这样一来使大马士革不战而降便成为泡影，大马士革人都害怕自己会落得类似的下场。1139 年秋冬时节，大马士革以武力抵抗赞吉的进攻，全城民众同仇敌忾，共抗外敌。到 1140 年春，依照叙利亚结盟政策的传统，大马士革与耶路撒冷国王富尔克（Fulko）结盟，后者允诺提供武力支援。根据约定，富尔克将获得巨额资金用于购置军备，此外他还将得到（尚待征服的）巴尼亚斯（Bāniyās）①，该城自 1137

---

① 巴尼亚斯：今叙利亚地中海沿岸港口城市，腓尼基人始建，罗马帝国时期属叙利亚行省，7 世纪为阿拉伯人攻占，1109 年被纳入安条克公国。

年起便被纳入赞吉的统治范围。对于缔结此项盟约具有决定意义的是，双方都认识到如果赞吉的势力范围继续向南扩展，那么不论是大马士革还是十字军国家都无法独善其身。

1140 年 5 月初，盟军开始围困巴尼亚斯，到 6 月中旬，在得到居民可以自由撤出，且该城将成为大马士革的军事采邑（Militärlehen，阿拉伯语：iqtā'）① 以供指挥官调遣的保证之后，巴尼亚斯宣布投降。至于愿意继续留下来的那些人，胜利者也允诺让他们享有良好的生活条件。在又一次对大马士革徒劳的进攻之后，赞吉把军队撤到了北方。这场针对赞吉的结盟行动也开启了大马士革和耶路撒冷之间持续良久的和平时代。正是在此期间，大马士革的君主穆因阿丁·乌讷尔（Mu'īnaddīn Unur）造访了耶路撒

---

① 古代盛行于波斯、伊拉克和叙利亚的军事采邑制度，又称"伊克塔"。自 9 世纪末起，随着职业士兵的开支日益增加，阿拔斯王朝便不再向军官支付饷银，取而代之的是分配给他们一定的土地，让他们在那里征收赋税，而与此同时，军官必须供养和武装一定数量的士兵。这一方面减轻了统治者在军费开支上的巨大压力，另一方面也减少了中央政府的税收总额，并使得士兵更倾向于向供养他们的军官效忠。

冷的圣迹。

赞吉直到去世都再也没有回到叙利亚，但是在1138~1144年，安条克公国、埃德萨伯国与土库曼人以及赞吉在阿勒颇的总督之间战事不断。当埃德萨伯爵约瑟林二世（Joscelin II）于1144年离开他的都城领兵援助磐石堡（Hsin Kaifā）①的阿尔图格王朝②统治者时，赞吉在12月成功攻占了近乎不设防的埃德萨城。这样一来，埃德萨便成了十字军国家首座陷于穆斯林之手的大城市。在之后的两年里，法兰克人丧失了幼发拉底河以东的所有地区。

---

① 磐石堡：今属土耳其巴特曼省，位于底格里斯河畔。"Hisn"在阿拉伯语中为"城堡、要塞"之义，"Kaifā"源于阿拉米语，意为"岩石"。此地古为罗马帝国和波斯萨珊王朝交界处，常为双方所争夺。363年，罗马人建立了一座边境要塞，用以控扼这一重要的底格里斯河渡口。608年，萨珊王朝的霍斯劳二世（Chosrau II）夺取了磐石堡，但到630年此地再度落入罗马人之手。大约在638年，阿拉伯人攻占了磐石堡。1101年，磐石堡成为土库曼人建立的阿尔图格王朝的领土。阿尔图格王朝对磐石堡进行了扩建，并修建了横跨底格里斯河的大桥，其残墩至今仍存。

② 阿尔图格王朝：由乌古斯人建立的伊斯兰王朝，主要分为三支，在1101~1409年统治安纳托利亚东部地区，包括马尔丁、锡尔万（Silvan）、迪亚巴克尔（Diyarbakır）和磐石堡等地。

人们称颂赞吉是伊斯兰教的开路先锋，巴格达的阿拔斯王朝哈里发更是授予了他"zain al-islām"、"nāsir amīr al-mu'minīn"以及"al-malik al-mansūr"这三个头衔——它们分别意为"伊斯兰的美饰"、"信徒之主（即哈里发）的辅弼之臣"以及"（蒙主庇佑的）常胜之王"。埃德萨的陷落在欧洲促发了第二次十字军东征，但是赞吉已无缘亲历此事。1146年9月中旬的一日夜里，他在酩酊大醉中被一名法兰克奴隶谋杀。就像某些穆斯林统治者一样，赞吉也并未遵守伊斯兰教禁酒的戒律。

赞吉死后，他的帝国被两个儿子——居于摩苏尔的萨法丁·加齐（Saifaddīn Ghāzī）和居于阿勒颇的努尔丁·马哈茂德（Nūraddīn Mahmūd）瓜分。随着赞吉的逝世，大马士革与耶路撒冷之间的关系也很快发生变化，因为大马士革的君主乌讷尔强迫巴勒贝克总督将城市交给他，并随后与霍姆斯和哈马（Hamāh）的行政长官缔结了停战与安全协议。之后他将杀害赞吉后又逃亡大马士革的凶手交还努尔丁，并与后者展开谈判。1147年4月，双方的谈判以乌讷尔之女伊斯玛塔丁·哈通（'Ismataddīn Khātūn）与努尔丁联姻告终。除此之外，乌讷尔还成功地促使巴格达和开罗两地的哈里发承认其统治地位。于是，大马士革的独立便有了更为广阔的基础。

大马士革与耶路撒冷之间的良好关系在1147年急转直下。当时管理布斯拉（Busrā）①和塞勒海德（Sarkhad）②的大马士革新任总督在这一年春天到访耶路撒冷，他在那里的言论促使法兰克人决定在到了事先约定的时限之后便解除与大马士革的盟约。在此之后，耶路撒冷的一支军队侵入约旦河以东地区，但随后便被乌讷尔和他的女婿努尔丁击败，最后这场战事也以大马士革重新占领布斯拉和塞勒海德告

---

① 布斯拉：位于今叙利亚南部，纳巴泰人始建，106年被罗马帝国皇帝图拉真的军队攻占，后成为第三昔兰尼加军团的驻地和阿拉比亚行省首府。由于位于连接大马士革和红海的要道之上，布斯拉日益兴盛，罗马帝国时期的剧场遗迹亦留存至今。

② 塞勒海德：位于今叙利亚南部，历经纳巴泰人、罗马帝国、拜占庭帝国和阿拉伯帝国的统治。1073~1074年，法蒂玛王朝哈里发穆斯坦绥尔（al-Mustansir）在塞勒海德建筑了城防工事，而今天高踞城区之上的城堡残迹则是阿尤布王朝的遗物。

终。此前乌讷尔显然有意挽回大马士革和耶路撒冷之间的和平局面，因为这样一来他就无须向努尔丁求助，也可以避免后者插足叙利亚南部事务。

随着第二次十字军东征的部队到达圣地，耶路撒冷和大马士革进一步交恶。这是因为十字军不仅想要夺回埃德萨，而且于1148年夏进攻了大马士革。大马士革人进行了艰苦的抵抗，同时乌讷尔不知是出于自愿还是迫于无奈，还请求赞吉的儿子发兵施以援手。援兵在摩苏尔的萨法丁和阿勒颇的努尔丁的率领下直逼霍姆斯，于是十字军不得不停止围困大马士革，第二次十字军东征由此以失败告终。

在法兰克人的提议下，大马士革和耶路撒冷早在1149年便缔结了为期两年的停战协定。在十字军东征结束之后，乌讷尔又恢复了他在赞吉死后奉行的政策，尽管当时的诗人称颂1147~1148年与法兰克人的战事是抗击非伊斯兰教徒的"吉哈德"，而在大马士革遭到围困期间，人们的宗教热情也一度达到新的高潮。这其中的原因是努尔丁在大马士革援军的支持下于 6 月底在阿纳布（Inab）附近击败了安条克公国的军队，并随后征服了大片领土，而这样一来，他便几乎成了整个叙利亚北部的主宰。在随之而来的秋天，他的兄长萨法丁去世，努尔丁在争夺遗产的斗争中不断扩张，向南将霍姆斯据为己有，向东则将直抵幼发拉底河支流哈布尔河（Khābūr）的地区收入囊中。除此之外，赞吉帝国的国库所在地辛贾尔（Sindjār）①也落到了他手中。这样一来，就像当年他的父亲一样，努尔丁的权势如日中天。

因此，即便是在乌讷尔于 1149 年 11 月去世之后，大马士革和耶路撒冷之间的关系也几乎没有丝毫改变。在之后的几年里，两国之间显然存在一种应急的联盟关系，一旦大马士革遭到努尔丁的进攻，这种联盟关系便马上生效。当 1150 年春努尔丁率兵进逼大马士革时，法兰克人也收到了求援的消息。努尔丁向大马士革人保证，他是应大马士革南部霍兰地

① 辛贾尔：位于今伊拉克北部，罗马帝国时期筑有严密的防御工事并有军团驻扎。到罗马帝国晚期，波斯萨珊王朝屡次向该城发动进攻，363 年双方缔结和约，辛贾尔被让予萨珊王朝国王沙普尔二世（Schapur II）。

区（Haurān）①的农民和贝都因人②之请才发兵的，让大马士革城毁于战火，这并非他的本意。除此之外，他还要求大马士革提供援兵，并责备大马士革人没有进行"吉哈德"的能力。到了1150年底，努尔丁兵临大马士革城下。尽管因为天公不作美，努尔丁的进攻失败了，但双方在3月中旬便缔结了和平协议，在协议中大马士革宣布臣服于努尔丁。1151年5月初，战事再起，尽管努尔丁信誓旦旦地宣称自己只是为了践行"吉哈德"发动战事，并且只是想让大马士革释放战俘。大约一个月之后，努尔丁不得不撤军，因为一支法兰克军队正在逼近。到7月底，努尔丁和大马士革再度缔结和平协议。这年秋天，大马士革又一次宣布臣服于努尔丁。

1153年春，努尔丁打算进攻耶路撒冷王国，以解除法兰克人对亚实基伦的围困，后者依然

---

① 霍兰地区：位于今叙利亚西南部，向南一直延伸至约旦边境，这一带在古典时代晚期人口密集、贸易繁荣。

② 贝都因人：阿拉伯游牧民族，主要生活在阿拉伯半岛、叙利亚荒漠、西奈半岛以及撒哈拉沙漠部分地区，大多数信奉伊斯兰教。

受埃及法蒂玛王朝的统治，而且是法蒂玛王朝通往叙利亚的桥头堡。因此，大马士革便和努尔丁组成联军，但是在进抵巴尼亚斯之前，双方的联盟便陷入破裂，于是这进攻也就半途而废。据史学家伊本·艾西尔（Ibn al-Athīr）①记载，正是这次失利使努尔丁最终下定决心攻占大马士革。其实早在1150年法蒂玛王朝就向努尔丁提出了结盟的请求，以共同对抗法兰克人，之后法蒂玛王朝屡次要求结盟，但直到1159年努尔丁才对此表现出兴趣，而亚实基伦早已在1153年8月就被耶路撒冷的鲍德温三世攻占。

在准备向大马士革发动进攻的同时，努尔丁大肆宣扬"吉哈德"，并把自己塑造成为信仰而战的典范，此外他还利用宣传攻势猛烈抨击大马士革领导层对耶路撒冷王国执行的政策。1154年，努尔丁终于成功地占领大马士革。然而，如此大张旗鼓的宣传攻势究竟在其中起到了什么作用，我们不得而知。大马士革人之所

---

① 伊本·艾西尔（1160~1233）：中世纪阿拉伯世界最负盛名的历史学家，著有《历史大全》（al-Kāmil fī't-tarīch），在萨拉丁军中亲历第三次十字军东征。

以放下武器，与其说是因为努尔丁大肆宣扬"吉哈德"，倒不如说是因为他们对大马士革君主以及整座城市陷入的经济困境普遍感到不满，而在此之前，努尔丁也全然没有把所有希望都放在宣传攻势上，其实早在围困开始之前他就截断了大马士革来自北方的粮食供应，而这造成大马士革城内物价飞涨。

4 叙利亚地区均势政治的终结

大马士革和阿勒颇在努尔丁的治下归于一统，由此叙利亚地区的力量对比便发生了根本性的改变，而这就意味着这一地区的政治均势传统暂告终结。根据努尔丁的宣传，攻占大马士革乃是实现收复耶路撒冷和地中海沿岸地区这一最初目标的前提条件，据说阿拔斯王朝的哈里发于1154年任命努尔丁为埃及和十字军国家的共主，并命其立即征服这些地区。但之后发生的事情则表明，努尔丁在攻占大马士革之后并没有丝毫要献身于"吉哈德"、抗击法兰克人的意思，而在他的宣传攻势中，解放耶路撒冷这一主题也近乎消失。正如他的父亲赞吉一样，努尔丁之所以宣扬抗击法兰克人的"吉哈德"，不过是为了提高自身威望，进而为伴随自己威望而来的统治正名，使自己针对穆斯林邻邦的扩张企图变得名正言顺。至于那些十字军国家，努尔丁尽力延续与它们之间的和平关系。比如在 1155 年 5 月，努尔丁就和耶路撒冷的鲍德温三世达成了停战协议，并在 1156 年将停战时限延长了一年，为此努尔丁甚至还须向鲍德温支付贡金。直到法兰克军队在 1157 年 2 月初袭击了巴尼亚斯附近的穆斯林农民和牧民，破坏了之前签订的协议，双方才再度开战，而努尔丁也大张旗鼓地将战事重开称为"吉哈德"。正因为如此，努尔丁麾下也有一些单纯是为了"吉哈德"自愿拿起武器、奔赴沙场的士兵。

1157 年 6 月，努尔丁在约旦河的雅各布河滩击败了鲍德温三世的军队，并俘虏了众多出身高贵的人物。然而，努尔丁不得不放弃随之而来的对巴尼亚斯城的围困，因为叙利亚北部的众多军事防御工事在地震中遭到严重损毁，而这便为努尔丁的敌人打开了进攻的方便之门：除了位于西边的十字军国家之外，在努尔丁王朝北部边境，定都科尼亚的罗姆塞尔柱帝国虎视眈眈，苏丹基利杰·阿尔斯兰二世（Qilidj Arslān II）希望与法兰克人和（奇里乞亚①的）亚美尼亚人合作、结盟。

在成功击退十字军国家一支军队的进攻之后，努尔丁于 1157 年 10 月身患重病。他的病情是如此危重，以至为防不测，他将他的弟弟努斯拉塔丁·阿米尔·阿米兰（Nusrataddīn Amīr Amīrān）立为自己的继承人。因为误信努尔丁已经去世，阿勒颇占人口多数的什叶派发起暴动，但这场暴动并没有成功，因为人们后来发现努尔丁其实还活着。除此之外，法兰克人也试图利用这一天赐良机。他们包围了沙伊策（Schaizar）②，却为破城之后谁将成为沙伊策的新主人而争执不休，最终导致围攻失败。但尽管如此，法兰克人还是在 1158

---

① 奇里乞亚（Kilikien）：古地名，指小亚细亚东南部地区，大致相当于今天土耳其东部的地中海沿岸地区以及阿达纳省、梅尔辛省、奥斯曼尼耶省和卡赫拉曼马拉什省的大部分地区。

② 沙伊策：位于今叙利亚西部。638 年，原属拜占庭帝国的沙伊策落入阿拉伯人之手，之后在双方之间几度易主，最终成为拜占庭帝国的南部边界。

年 2 月初成功地占领了哈林姆（Hārim）①。差不多与此同时，身体逐渐恢复的努尔丁意识到自己必须组织军队进行反击。1158 年夏，他进攻耶路撒冷王国，却惨遭败绩。

与此相比，更具重要意义的其实是鲍德温三世鉴于来自努尔丁的威胁与日俱增，开始致力于修好与拜占庭帝国皇帝曼努埃尔一世（Manuel Komnenos）②的关系。他于 1157 年开始与拜占庭展开谈判并最终达成协议，而双方达成协议的标志便是 1158 年鲍德温三世迎娶了

---

① 哈林姆：位于今叙利亚西北部，曾建有城堡以扼守从阿勒颇前往安条克的交通要道。959 年，拜占庭帝国皇帝尼基弗鲁斯二世·福卡斯（Nikephoros II Phokas）从阿拉伯人手中夺回了哈林姆，并把此处的要塞作为进攻阿勒颇的前哨。十字军东征时期，基督徒和穆斯林对哈林姆展开了激烈争夺。1149 年，努尔丁首次攻占哈林姆，之后耶路撒冷国王鲍德温三世在 1158 年率领十字军国家联军夺回了哈林姆。1164 年，努尔丁重新夺回哈林姆。1260 年，哈林姆城堡被入侵的蒙古人摧毁。

② 曼努埃尔一世（1118～1180，1143～1180 年在位）：拜占庭帝国科穆宁王朝皇帝，在他统治期间，拜占庭帝国实现中兴，经济与文化再度繁荣。他钦慕骑士文化，在西方也受到尊崇。此外，他一方面与教宗亚历山大三世开展谈判，另一方面与叙利亚的基督一性论教派和亚美尼亚教会接触，试图重新促成基督教的统一。

曼努埃尔一世的侄女提奥多拉。双方当时很可能约定先收复自第一次十字军东征以来拜占庭一直主张拥有主权的安条克，然后向努尔丁发起进攻。

于是，拜占庭帝国在 1158 年和 1159 年大举进兵奇里乞亚和叙利亚北部，并迫使安条克侯爵沙蒂永的雷纳德（Rainald von Châtillon）向曼努埃尔一世宣誓效忠。面对拜占庭人的进军，再度病重的努尔丁下令启用阿勒颇的防御工事，并号召他的教友们发动"圣战"。然而，他所担心的来自拜占庭人和法兰克人的联合进攻却并没有发生，因为曼努埃尔一世认为他的目的早已达到，而且由于和盟友交恶，曼努埃尔一世转而与努尔丁展开谈判。双方最后签订了停战协议，努尔丁还释放了据称 6000~10000 名参与第二次十字军东征的士兵。到 1159 年和 1160 年之交，努尔丁进攻罗姆塞尔柱帝国，而他野心勃勃的弟弟正是逃到了那里，后者在努尔丁两次病重期间挑起了动乱。努尔丁的这一次军事行动很可能和他与曼努埃尔一世的约定有关，因为同一时间在另一处前线，曼努埃尔一世也发兵进攻罗姆塞尔柱帝国，但与努尔丁形成对比的是，曼努埃尔一世的攻势一直持续到 1161 年，并最终迫使苏丹基利杰·阿尔斯兰二世臣服于拜占庭帝国。

随着拜占庭进军叙利亚北部，近东地区维持了十年的力量均势。在与曼努埃尔缔结和约后的数年间，努尔丁再也无意对十字军国家发动进攻，尽管这与他所享有一系列头衔的含义相违背，而这些头衔自 1158 年起便在建筑铭文中出现。其实这一系列尊号名不副实，难以反映当时的政治局势，而且罗姆塞尔柱帝国和阿尔图格王朝——也就是努尔丁的邻邦——的统治者也享有类似的头衔，但他们几乎很少或者甚至从未参加过抗击法兰克人的"吉哈德"。

除了努尔丁，这一时期对抗击法兰克人表现了急切之情的还有埃及的法蒂玛王朝，后者一直在谋求建立同盟。颇为值得一提的是，努尔丁直到 1158 年才开始考虑法蒂玛王朝提出的结盟提议，而当时鲍德温三世恰好和曼努埃尔一世达成了协议。这时的努尔丁和法蒂玛王朝频繁地互相遣使，但在 1159 年努尔丁与拜占庭帝国达成停战协议之后，他就再也不理会法蒂玛王朝的维齐尔发来的出兵进攻法兰克人的劝告。

第三章　萨拉丁的崛起

1　目标：征服埃及

1158 年，法兰克人的使者还在徒劳地尝试与法蒂玛王朝缔结停战协议，但在不久之后，法蒂玛王朝的统治者甚至已经愿意向耶路撒冷支付贡金，但这么做显然只是为了不受干扰地厉兵秣马，以图大举进攻。然而，到 1161 年，身居维齐尔一职的伊本·鲁兹克（Ibn Ruzzīk）被杀，这一计划也便随之化为泡影。之后埃及人便停止向耶路撒冷纳贡。据称，耶路撒冷国王、鲍德温三世的弟弟以及继任者阿马尔里克（Amalrich）正是出于这个原因于 1163 年 7 月发兵进攻比勒拜斯（Bilbais）[①]，后者是埃及的战略要地，也是通往开罗的必经之地。但这次军事行动失利了，因为埃及人趁着尼罗河水位上升掘开了大堤，致使洪水泛滥。

此时的法蒂玛王朝内部为维齐尔一职争斗不休，最后导致埃及在1160年代末落入努尔丁手中。1163年，沙瓦尔（Schāwar）篡夺了维齐尔的职位，但就在同一年他又不得不让位给他的政敌迪克哈姆（Dirghām）。他们两人都试图寻求努尔丁的支持，最后努尔丁选择了沙瓦尔。在身为埃米尔的独眼库尔德人阿萨达丁·谢尔库赫（Asadaddīn Schīrkūh）的指挥下，努尔丁派兵沿着沙漠边缘耶路撒冷王国的东部边界前往埃及。在努尔丁的支持下，沙瓦尔于1164年末再度当选维齐尔，但后来发生的事情却表明，他不愿兑现先前和努尔丁约定的经济条件。另外，他还拒绝将之前允诺的地

---

① 比勒拜斯：位于尼罗河三角洲南部的要塞，在法蒂玛王朝时期多次被包围。1168年，阿马尔里克的军队再度围城，并在三天后破城而入，城中所有居民惨遭屠杀。这激怒了信奉基督教的科普特人，因为他们原本曾把十字军视作救星，但最后却和穆斯林一样难逃浩劫。

产作为军事采邑（阿拉伯语：iqtā')移交给这些来自叙利亚的军队。恰恰相反，沙瓦尔要求谢尔库赫离开这个位于尼罗河之滨的国家。于是，曾经的盟友兵戎相见。沙瓦尔的政敌迪克哈姆曾向耶路撒冷国王阿马尔里克求援，但由于谢尔库赫行军神速，他们并未成功缔结协议。于是，沙瓦尔也开始寻求阿马尔里克的支持。除了保证每年向耶路撒冷纳贡和释放基督徒俘虏之外，据说沙瓦尔——就像之前迪克哈姆一样——还提出埃及可以向耶路撒冷国王称臣。

毫无疑问的是，阿马尔里克必须阻止努尔丁在埃及驻军，否则他的王国将陷入腹背受敌的境地。这一点据说沙瓦尔在转而向阿马尔里克求助之时也进行了强调。于是，阿马尔里克和沙瓦尔之间便达成了协议。此时谢尔库赫已经占领比勒拜斯并将这座城市作为军事基地，于是刚结盟的阿马尔里克和沙瓦尔便联手向比勒拜斯挺进，并最终包围了这座城市。沙瓦尔显然是希望法兰克人和叙利亚人鹬蚌相争，自己好坐收渔翁之利。但阿马尔里克似乎也不看好对比勒拜斯发动强攻，于是在围城数周以后，双方经过一番讨价还价，在 1164 年 10 月达成了和平协议。协议规定，谢尔库赫和阿马尔里克必须撤出埃及，但撤军的前提很可能是沙瓦尔需要支付给他们一笔高昂的费用。于是，沙瓦尔先胜一筹。

趁着耶路撒冷王国的军队在埃及受到牵制，努尔丁抓住时机，在十字军国家的北方发动进攻，与之展开会战，并于 1164 年 8 月击溃了法兰克人，随后收复了 1158 年被法兰克人占领的哈林姆。之后，努尔丁又于 1164 年 10 月成功征服巴尼亚斯。这样一来，阿马尔里克便不得不撤出埃及，与此同时努尔丁也报了 1163 年 5 月惨遭败绩的一箭之仇。当时他正攻打的黎波里伯国，正当他兵临法兰克人的克拉克骑士堡（Crac des Chevaliers）①时，自己的阵营中居然有人倒戈相向，这令他始料未及，当时好不容易才保住了性命。据说这场失利被努尔丁视为真主的惩戒，

① 克拉克骑士堡：位于今叙利亚西部，筑于海拔 755 米的山丘之上，前身为霍姆斯埃米尔于 1031 年建造的库尔德人堡（Hisn al-Akrād），1110 年被十字军攻破。1271 年，马穆鲁克王朝苏丹拜巴尔一世攻占了克拉克骑士堡。2006 年，克拉克骑士堡被列入联合国教科文组织《世界文化遗产名录》。

并对他的人格产生了深刻的影响，这位统治者也由此开始了苦行僧般的严守戒律的生活。而这从心理学角度看倒是颇为合情合理。

其实努尔丁原本并不打算通过控制埃及来夹击耶路撒冷王国。在第一次进军失利之后，与其说是努尔丁自己，倒不如说是他雄心勃勃的埃米尔谢尔库赫还在计划入侵埃及。显然后者从当时的局势中看到了壮大自身势力、获取独立权威的人生契机。

两年后，谢尔库赫终于完成了由他主导但同时也得到努尔丁支持的全方位备战，并于1167年1月再度向埃及进军。阿马尔里克试图在谢尔库赫大军行进途中将其拦截，但徒劳无功。于是阿马尔里克与沙瓦尔再次结盟，并终于在1167年5月得以与敌人交战。在此之前，谢尔库赫率军渡过尼罗河来到河的西岸，因此阿马尔里克与沙瓦尔的联军一时间无法向他发动进攻。在这场双方都蒙受巨大损失的战役中，阿马尔里克与沙瓦尔的军队被谢尔库赫击溃。获胜的谢尔库赫率军穿过开罗，向北前往亚历山大港。那里的民众为他打开了城门并对他鼎力支持。阿马尔里克与沙瓦尔虽然惨遭败绩，但实力尚存，他们试图切断亚历山大港的水路和陆路交通，进而断绝城内的粮食供应，以逼迫亚历山大港投降。于是，谢尔库赫便率领大多数部众离开亚历山大港，转而向南方的上埃及地区进军，这样一来既可以使军队行动自由，不受限制，也可招募贝都因人来增强自身的实力。此外，谢尔库赫还让自己的侄子萨拉哈丁·优素福（Salāhaddīn Yūsuf）负责指挥留守在亚历山大港的剩余部队，而后者就是直到今天还被欧洲人称为萨拉丁的那个人。

　　面对如此形势，阿马尔里克与沙瓦尔决定对亚历山大港来一次实实在在的围攻。对于曾经参与谢尔库赫第一次远征埃及的萨拉丁而言，他面临一次艰难的考验。正如预期的那样，在长达三个月的围困之后，亚历山大港于 1167 年 7 月陷入物资短缺的困境。尽管如此，萨拉丁率领的军队与亚历山大港的居民在作出巨大牺牲之后依然击退了所有的进攻。在此期间，谢尔库赫在军事上采取了守势，甚至没有以攻为守，去进攻由法兰克人军队保护的开罗城。取而代之的是，双方开始谈判，并于 1167 年 8 月初缔结了和平协议。亚历山大港归还给沙瓦尔，而谢尔库赫也成功地使己方所有军队自由撤回叙利亚，并使亚历山大城的居民获得赦免。此外，双方还约定交换全部战俘，沙瓦尔将向阿马尔里克和谢尔库赫支付赔款。

虽然双方彼此为敌，但据说在谈判期间他们之间的交往也有了一些人情味。应阿马尔里克之邀，萨拉丁在法兰克人的军营中居住了几日。耶路撒冷国王满足了萨拉丁的请求，允许他部队中的病患和伤员搭船前往阿卡，这样就可以让他们从那里出发返回大马士革，从而免受陆路奔波之苦。另外，萨拉丁还促使阿马尔里克设法让沙瓦尔从此以后信守约定，确保亚历山大城的居民获得赦免。在此之前，沙瓦尔曾违背这一诺言。25 年之后，在参加了第三次十字军东征的士兵中间甚至还流传着萨拉丁与耶路撒冷王国司厩长[①]、托隆的汉弗莱二世

---

① 司厩长（Konstabler）：耶路撒冷王国的重要官职，负责指挥军队、征募雇佣兵并处理涉及军事的案件。对于耶路撒冷王国而言，这一官职十分重要，因为王国几乎时刻都处在和伊斯兰世界战争的状态。托隆的汉弗莱二世为第六任司厩长，1152~1179 年在任。

（Humfred II von Toron）成为好友并被后者晋封为骑士的故事。

在 1167 年 8 月谢尔库赫与阿马尔里克依照条约再次撤离战场之前，沙瓦尔多次与法兰克人缔约：他承诺每年向法兰克人支付巨额贡金，并允许后者在开罗驻扎一支卫戍部队，以监督埃及每年及时上缴贡金，并负责守卫开罗。与 1164 年形成鲜明对比的是，1167 年沙瓦尔再也无法以胜利者自居，于是他便向信奉基督教的法兰克人而非叙利亚的穆斯林寻求庇护，尽管他知道这样做可能会带来的危险，而且据说谢尔库赫也曾在 1167 年向他施压，要他与叙利亚人结盟，共同对抗法兰克人，进而壮大伊斯兰教。但是正如谢尔库赫和他的诸位埃米尔知晓的那样，除了亚历山大港的居民之外，埃及人都对他们充满敌意，尽管就像努尔丁的突厥人和库尔德人部队一样，埃及人口大多数也是逊尼派穆斯林，只有居于统治地位的法蒂玛家族才是伊斯玛仪 - 什叶派。因此，在埃及的文献中，大多数情况下逊尼派都被轻蔑地称为"古兹"（ghuzz），而这个名称最早是用来称呼居住在伊斯兰势力范围边缘的并不信奉伊斯兰教的突厥人的。另外，埃及人敌视叙利亚人的原因可能还在于掌控埃及政权的是人口中占少数的伊斯玛仪－什叶派，而在什叶派看来，发起抗击包括逊尼派在内的非什叶派穆斯林的"吉哈德"要比对抗基督徒更为重要。

尽管如此，沙瓦尔与阿马尔里克的缔约之举还是激起了法蒂玛王朝哈里发以及开罗民众的不满，而沙尔瓦的亲生儿子卡米尔（al-Kāmil）还参与了谋反。谋反者的目的显然不仅在于推翻沙瓦尔，而且要颠覆法蒂玛王朝哈里发的政权。因此，卡米尔转而向努尔丁求助，希望他能够帮助重建埃及的法律和秩序，将伊斯兰世界的力量联合起来。谋反者允诺每年向努尔丁纳贡，并送给努尔丁一笔数额超过他原本所要求的重金。流言开始传向耶路撒冷，说是卡米尔和萨拉丁将迎娶彼此的妹妹。埃及人寻求外援的举动还不止于此。另一批反对沙瓦尔的谋反者还希望得到阿马尔里克的支持。这样一来，沙瓦尔便陷入了极其危险的境地，于是他下令将所有可能的反对者处死，而其中据说还有许多无辜之人。另外，沙瓦尔还向努尔丁承诺，如果后者能够成功地使谢尔库赫放弃针对埃及的计划，那么作为回报他会向努尔丁支付重金。尽管努尔丁向以卡米尔为首的反叛者表态自己愿意干涉埃及事务，但他随后便在1168年夏天告知沙瓦尔，他将任命谢尔库赫担任霍姆斯总督，后者可借此获得一笔收入。这样一来，他便可以促使谢尔库赫放弃自己原先的计划。

但仅仅半年之后，谢尔库赫便第三次进军埃及。与之前不同的是，谢尔库赫此次发兵埃及，只是因为耶路撒冷国王在圣约翰骑士团、比萨人和一群封臣的施压下决定再度进兵。阿马尔里克先是诱使努尔丁相信他将挥师向北攻打霍姆斯，从而为自己赢得时间上的优势，接着他便率军于1168年10月20日从亚实基伦南下，马不停蹄地一路行军。在路上，他发布了一系列宣言，借以稳住沙瓦尔。早在11月4日，他便攻下了具有重要战略地位的比勒拜斯，并血腥屠杀当地的居民。也正是因为这些暴行，埃及人奋起反击，开始了艰苦的抵抗。

与此同时，法兰克人在占领比勒拜斯之后一路挺进到开罗和福斯塔特（Fustāt）①，后者曾是埃及的旧都，969年法蒂玛王朝占领埃及之后便在福斯塔特北部营建新都开罗并取而代之。

沙瓦尔起先希望匆忙拼凑的部队能够在比勒拜斯阻遏阿马尔里克的进攻。但这一计划并没有成功，法兰克人的军队进一步深入埃及腹地，于是沙瓦尔便下令将福斯塔特付之一炬，因为他认为保卫旧都已无可能，他只想借此阻止阿马尔里克把福斯塔特作为进攻开罗的基地。然而，阿马尔里克对沙瓦尔火烧故都之举不以为意，他下令军队立刻进攻开罗，而此时福斯塔特的居民都已经逃往开罗。但不论是强攻还是长达数周的围困，阿马尔里克都无法成功地攻下它。于是，双方再次展开谈判。最后，沙瓦尔承诺，如果阿马尔里克放弃继续围攻开罗，那么他愿意马上向阿马尔里克支

---

① 福斯塔特：643年由侵入埃及的阿拉伯人所建，12世纪逐渐衰落之前，福斯塔特一直是埃及的首都，而且是埃及的经济重镇。1979年，福斯塔特城遗址被列入《世界文化遗产名录》。

付 10 万第纳尔，之后再追加数倍于此的赔款。当耶路撒冷国王收到第一笔数额较小的赔款之后，他便领兵北退，撤出了开罗近郊。

曾是盟友的法兰克人如今却成了敌人，于是埃及的宣传口径也随之改变。沙瓦尔被盛赞为"信仰的战士"，当时的诗人乌马拉·亚玛尼（'Umāra al-Yamanī）也劝诫他抗击法兰克异教徒，以保全埃及的伊斯兰信仰。尽管贝都因人依然不受信任，但这时可能还有人撰文号召两个贝都因部落加入"吉哈德"抗击法兰克人。

由于阿马尔里克对埃及的进攻，沙瓦尔的政策宣告破产。但显而易见的是，直到法兰克人的军队于 11 月中旬兵临开罗城下，法蒂玛王朝的哈里发阿迪德（al-'Ādid）才命人向努尔丁求援。尽管沙瓦尔曾警告过他，但据说阿迪德——至少在当时的情况下——更愿意与（逊尼派）穆斯林而非（法兰克）基督徒结盟。其实努尔丁对此也并非毫无准备，只不过当时他忙于谋划其他事务，无暇他顾。

1167 年，努尔丁成功地借阿马尔里克在外远征的机会，对的黎波里伯国发动了进攻，但最后并没有获得什么实质性的好处。在此之后，努尔丁把注意力主要集中在了帝国东部的变局上。在那里，努尔丁在经过长期的围困之后，最终通过交换，于10月26日占领了号称无法攻克的贾巴尔城堡（Qal'at Dja'bar）①。这座城堡坐落于幼发拉底河之滨，扼守最为重要的其中一处渡口。在努尔丁占据贾巴尔城堡之后，他前往摩苏尔的通道便有了保障。尽管努尔丁忙于东线战事，但在阿马尔里克出征不久之后，他在10月就已得知法兰克人正在向埃及进军，于是迅速做出反应。至于来自开罗的求援信息到他手上，则要到他已经开始准备再度远征埃及之后。努尔丁又一次把指挥大权交给谢尔库赫，而后者则坚持他的侄子萨拉丁必须随行。据说萨拉丁对这一安排并不感到高兴，因为有

---

① 贾巴尔城堡：位于今叙利亚拉卡省塔布卡水坝左岸，城堡所在的位置曾经是一处高地，可以俯瞰幼发拉底河谷地，塔布卡水坝建成后原先的高地成为被水包围的岛屿。赞吉曾于1146年围困贾巴尔城堡，但之后便为自己的奴隶所杀。相传奥斯曼帝国开国君主奥斯曼一世的祖父苏莱曼沙阿（Sulaiman Schah）曾在贾巴尔城堡附近的幼发拉底河中溺亡并被安葬在城堡附近。

先前在埃及艰苦战斗的那段往事，萨拉丁只是勉强同意随军出征。

1168 年 12 月中旬，谢尔库赫率军从拉斯－玛（Ra's al-Mā'）出发。阿马尔里克得知这一消息之后，首先领兵前往数周之前攻下的比勒拜斯，并将其作为自己新的军事据点。然后，他试图在西奈半岛的荒漠中拦截经过此地的谢尔库赫大军，却徒劳无功。随后，阿马尔里克带着数千名沦为奴隶的男女俘虏撤出了比勒拜斯，于 1169 年初离开了埃及。这样一来，阿迪德便达了他的目的。但是没过几天，谢尔库赫的大军就进入了埃及。此时的沙瓦尔已经失去以敌制敌的机会，同时作为维齐尔的他也已经失去哈里发的支持，于是开罗最终为谢尔库赫敞开了大门，不久之后阿迪德便召见了谢尔库赫。尽管有卫队保护，但沙瓦尔仍然在 1169 年 1 月 18 日被萨拉丁俘虏。因为沙瓦尔曾计划在举行宴会时擒获谢尔库赫，但萨拉丁抢在他前面采取了行动。哈里发下令将沙瓦尔处死，并在次日任命谢尔库赫为新一任维齐尔和埃及军队最高统帅，而谢尔库赫则委托萨拉丁负责行政事务。

在接到谢尔库赫获胜的喜讯后，努尔丁对外大加赞赏，但实际上他的内心却是颇为矛盾的。据说他更愿意看到谢尔库赫和他的部队回到叙利亚。至于谢尔库赫，留给他用来享受权力与荣耀的时间已经不多。这位以暴饮暴食闻名的将军在享用过一次过于丰盛的大餐之后便早早地在 1169 年 5 月 23 日去世。数年以后，已然荣升耶路撒冷王国书记长和泰尔城大主教的威廉（Wilhelm von Tyrus）① 在他为耶路撒冷诸王所著的史书中这样描述谢尔库赫：他身材矮小，大腹便便，却雄心勃勃，能够忍受一切辛劳乃至饥渴。他慷慨大方，深受军队爱戴，不仅精通兵器、久经沙场，而且颇有教养、善于辞令。

---

① 泰尔的威廉（约 1130~1186）：中世纪最伟大的史学家之一，曾效命于耶路撒冷国王阿马尔里克一世，并受托教导其子鲍德温四世。在鲍德温四世于 1174 年登基之后，威廉被任命为耶路撒冷王国书记长。撰写有《十字军国家史》（*Historia rerum in partibus transmarinis gestarum*）和《东方史》，后者记载了起自穆罕默德时代的伊斯兰诸国的历史，但已亡佚。

2　权力交接

最终成为谢尔库赫的接班人、就任维齐尔并且统领埃及和叙利亚部队的是谢尔库赫的侄子萨拉丁。虽然在努尔丁的部队之中起先还有另外四位更为年长的埃米尔（其中三位是库尔德人，一位是突厥人），而且他们也觊觎维齐尔一职，但是不久以后萨拉丁便获得了三位库尔德埃米尔的支持——据说是谢尔库赫将萨拉丁指定为叙利亚部队最高统帅，因为他是各方均可接受的候选人，而且看上去也不会主动有所作为。在一场公开的争吵之后，努尔丁的一部分突厥部队撤回了叙利亚。而这似乎正是法蒂玛王朝哈里发于 1169 年 3 月 26 日任命萨拉丁为维齐尔时所期望的，因为据说他认为与其他候选人相比，萨拉丁的地位并不稳固，于是便选择了他接任维齐尔。与哈里发的一部分谋臣不同，在他看来，显然没有必要把埃及人列入维齐尔人选的考虑范围。

对于萨拉丁的青年时代及他的先祖，人们所知甚少。萨拉丁于 1138 年出生在提克里特（Tikrīt）①，之后在巴勒贝克长大，最初在阿勒颇和大马士革任职。他受过军事训练，也曾参加其同行热衷且被当作骑士训练的马球运动。除此之外，据说他还懂神学与司法，并通晓阿拉伯人的谱系学、历史与诗学，而这也是阿拉伯人的一项传统。据称，他所有家庭成员有一致的说法，即萨拉丁只有母亲一方是库尔德人，而父亲一方则是阿拉伯人。他的父亲纳吉姆阿丁·阿尤布（Nadjmaddīn Aiyūb）和叔父阿萨德阿丁·谢尔库赫（Asadaddīn Schīrkūh）都是政治冒险家。两兄弟出生于亚美尼亚，起先在伊拉克碰运气，之后来到叙利亚。二人多次共事，又几易其主，甚至不惜背信弃义。最后他们投奔努尔丁，其中阿尤布成为大马士革总督，而谢尔库赫则升任军队统帅，这都为后来萨拉丁的发迹奠定了基础。

萨拉丁本名优素福，但与阿尤布和谢尔库赫

---

① 提克里特：位于今伊拉克中部底格里斯河之滨，为波斯萨珊王朝国王沙普尔一世所建，637 年被信奉伊斯兰教的阿拉伯人攻占，后历属塞尔柱帝国、阿尔贝拉侯国、阿拔斯王朝和赞吉王朝。

不同的是，他却以他的尊称被载入史册。与他同时代的人很早就将萨拉丁与《圣经·旧约》中的雅各之子——埃及的约瑟相提并论。正如后者一样，萨拉丁也将他的父亲和兄弟接到了埃及并分给了他们土地：1169年7月底，他的长兄图兰沙（Tūrānschāh）与其他阿尤布家族的成员一道最先抵达了开罗。随后而来的还有萨拉丁的父亲，他于1170年4月中旬来到了开罗。不寻常的是，萨拉丁的父亲在城门外受到了哈里发阿迪德的亲自欢迎。最后，还有一批阿尤布家族的族人大约在1171年2月到达埃及。萨拉丁的父亲阿尤布熟谙政事，且是如此深受努尔丁的器重，以至于他在苏丹面前甚至都无须站立。在阿尤布于1173年夏天骑马时突发意外去世之前，他一直都是萨拉丁重要的顾问。萨拉丁诸位满怀雄心壮志的兄弟和侄子则在军中任职，这在很大程度上分担了萨拉丁面临的诸多事务。

很快萨拉丁便意识到需要巩固自己的地位。他架空了埃及原有的机构，并逐步以新的部门取而代之，以此来建立埃及国内的新秩序。萨拉丁首先着手的便是重整埃及的军务，因为他对法蒂玛王朝的军队并没有实际的控制权，而后者此时在数量上显然超过了自己的军队。于是，他建立了新的军队，而核心则是他的卫队。同时，萨拉丁从法蒂玛王朝军队将领的手中收回了哈里发分配给他们的地产，并把这些地产分给了他自己建立的新军，以作为他们的军事采邑。作为回报，采邑的主人必须服兵役并提供军队，另外他们还需负责经营田地并对灌溉系统进行维护。通过这一举措，萨拉丁削弱了法蒂玛王朝的军队。但是，也有军事采邑是不分配农田的，得到此类军事采邑的人通过征收非农业税获取收入，而征税有时也委托承租人负责。比如萨拉丁的父亲就得到了这种军事采邑，他的税收就部分来源于亚历山大港和杜姆亚特（Damiette）[①] 这两座港口。

由于尼罗河的滋养，埃及自古便是一个经济实力强盛、组织文化发达的国度，但是尽管伊斯兰政权已经在此地统治了百年之久，主要

---

① 杜姆亚特：地中海沿岸的埃及港口，位于开罗以北约 200 公里处。早在古埃及时代此城便已建立；到希腊化时代，随着亚历山大港建成，杜姆亚特失去了原有的地位。

的行政工作却并不由穆斯林一手掌控，而是仍然主要掌握在依旧数量众多的科普特人 ① 手中，另外，部分行政职务也由犹太人担任。虽然萨拉丁的父亲被哈里发委托管理国库，并由此获得了对埃及财政系统的监管权，但萨拉丁并没有改变这样的状况。虽然他于 1172 年下令罢免所有非穆斯林官员，但这一命令并没有得到贯彻。也许这一措施不过是一着虚张声势的妙棋，因为如果萨拉丁不想危及原本运转良好的行政系统的话，那么他可能根本就无计可施。无论如何，信奉基督教的科普特人并不一定是法蒂玛王朝的支持者，但即便在法蒂玛王朝的统治下，科普特人的生活也没有因此变坏。另外，之前也从未出现过科普特人与十字军国家的法兰克人合作进而危及穆斯林的事情，而这样的事情后来也不曾发生。

然而，萨拉丁却把首席文书官一职留给了一位逊尼派穆斯林。1171 年 5 月，在现任书记

---

① 科普特人（Kopten）：最初指亚历山大港乃至埃及全境内使用埃及语的居民，随着埃及大部分民众皈依伊斯兰教，这一名词开始指称信奉亚历山大科普特正教会的民众。

长去世之后，来自亚实基伦的卡迪·法迪勒（al-Qādi al-Fādil）被任命为书记长。他是法官之子，因驼背而形貌丑陋。在法蒂玛王朝供职期间，卡迪·法迪勒曾担任众多职务，并证明自己堪当重任。其中，任命谢尔库赫和萨拉丁的文书便是由他起草的。不久以后，他便以修辞学家和韵文大家而享有盛名，并在长达二十年的时间里不辞劳苦、兢兢业业，成为萨拉丁最重要的谋臣。

在萨拉丁度过最初的乱局、进入担任维齐尔的第二年之后，他便开始推行一些涉及宗教的政策。这些政策从占埃及人口大多数的逊尼派穆斯林出发，旨在反对法蒂玛王朝代表的伊斯玛仪－什叶派信仰。萨拉丁下令，宣礼塔中再也不得发出什叶派"起来，去行至善之事"的祈祷声，而在每周五的布道仪式上，除了第四位哈里发阿里之外，他的三位前任——阿布·伯克尔、欧麦尔、奥斯曼——的名号也将会被再次提到。这也就意味着逊尼派主张的四位"正统"哈里发的名号将一同出现。尤为值得一提的是，萨拉丁为他出生于 1170 年 6 月的长子取名为阿里，这正是颇受什叶派尊敬的哈里发——
阿里——的名字。而他出生于 1171 年——也就
是法蒂玛王朝灭亡之年——的次子则得到奥斯
曼的名字，而这是最受什叶派痛恨的第三位哈
里发的名字。

萨拉丁最为重要的措施是下令分别在开罗
和福斯塔特建立了两所伊斯兰教学院（阿拉伯
语：madrasa），以传授神学与法学，从而强化伊
斯兰教的圣行。两所学院中的其中一座为马立
克学派 ① 的阵地，另一所则信奉沙斐仪学派 ②。
随后，萨拉丁于 1171 年 5 月免去了埃及最高
法官，并令一位逊尼派穆斯林取而代之，后者
是一位沙斐仪学派的法学专家，同时也是库尔
德人。他负责将埃及所有的法官替换为逊尼派

---

① 马立克学派：逊尼派四大教法学派之一，其他三派分别为
哈乃斐学派、沙斐仪学派和罕百里学派。马立克学派由马
立克·本·艾奈斯（715~795）创立。在马立克生活的时
代，穆罕默德的圣训尚未被神圣化，马立克认为，当出现
教法和社会利益相悖的情况时，可以从公众的利益出发断
案，而无须受限于依照教法进行的严格类比。马立克的弟
子编纂了伊斯兰教法的第一部成文概要《圣训易读》。

② 沙斐仪学派：创始人为沙斐仪，他认为应该把先知穆
罕默德的圣训作为教法之基石，并以此取代各教法学
派的司法惯例。另外，他还坚持贯彻严格的类比推理。
他试图以此统一伊斯兰各大教法学派，但未获成功。

或者沙斐仪学派的穆斯林。1171 年 4 月，萨拉丁的侄子塔吉亚丁·奥马尔（Taqīyaddīn 'Umar）下令建立了一所沙斐仪学派的伊斯兰学院。在之后的几年里，创立学院蔚然成风。在四所逊尼派的伊斯兰法学院中，萨拉丁无疑最偏爱沙斐仪学派的学院。对于坐落在福斯塔特近郊的著名法学家沙斐仪（asch-Schāfi'ī，死于 820 年）的墓地，他和他的家人更是尊奉有加。

对于什叶派来说，如果身处逊尼派的统治之下，那么什叶派信徒可以隐藏自己的真实信仰而不公开自己的身份，他们对外仍可装作逊尼派并混迹于逊尼派之中。什叶派不仅允许这种做法，而且甚至对此持鼓励的态度。这就需要采取特殊手段来控制法蒂玛王朝的追随者。为了达到此目的，萨拉丁利用了先前已经存在的穆哈泰希卜（Muhtasib）一职。该职位由一位受过训练的法学家担任，他负责监督市场上的风俗习惯。沙伊扎里（asch-Schaizarī）曾应萨拉丁的要求撰写了一本有关"希斯拜"（Hisba）的书。正如他在书中写的那样，穆哈泰希卜不得不对异端分子的众多革新之举和教派采取措施，因为他们阻碍了伊斯兰教法在埃及的实现。

至于维持公共秩序，萨拉丁则可借鉴他年轻时担任大马士革治安官积累的经验，那时他的父亲正好是大马士革总督。在一首当时写作的诗中，小偷被警告要小心萨拉丁。萨拉丁对违法者的惩处似乎十分严厉，甚至部分超出了他的职权范围。因此，大马士革法官有时会援引伊斯兰法律宣布萨拉丁的一些决定无效。

但正像1163年之前的努尔丁一样，萨拉丁年轻时的生活也不足以堪称典范。为他立传的巴哈阿丁·伊本·沙达德（Bahā'addīn Ibn Schaddād）① 写到，就任维齐尔之后，他便戒了酒，也放弃了其他娱乐。他很有可能也是在这

---

① 巴哈阿丁·伊本·沙达德（1145~1234）：著名的穆斯林法学家和历史学家，萨拉丁在阅读了他的作品后深受触动，于是将他召到开罗，任命他为军队法官（qadial-'askar）。巴哈阿丁亲历了阿卡围城战和阿苏夫战役，并撰写了一部记载第三次十字军东征的编年史。巴哈阿丁后来成为萨拉丁的挚友和谋臣，一直身居高位。他最为重要的著作要数萨拉丁传记，这部传记基于他个人的观察，描绘了阿拉伯人眼中萨拉丁的形象。巴哈阿丁著史行文详尽客观、求实可信，且所述之史多为其同时代之事，因此他的史书具有很高的参考价值。

一时期首次结婚。不论如何，直到 1170 年 6 月他的长子阿夫达尔·阿里（al-Afdal 'Alī）才出生。在这之后，他的另三位妻子则几乎每隔一年就为他生下一个儿子。正如罗马皇帝提图斯有例在先一样，在历史上，生活习惯的骤然改变往往总是与出任政府要职有关。

在决定戒酒的同时，萨拉丁还取消了对酿造米兹尔酒（mizr）的征税，同时还废除了酒类税收，因为这可以被视作对恶习的鼓励，而这恰恰与伊斯兰教禁酒的戒律相违背。但是在萨拉丁父亲阿尤布的倡议下，亚历山大港似乎依然允许酒类买卖，因为那里有许多意大利商人。

尽管正是埃及的财富使萨拉丁频繁的征战成为可能，但他晚年时在给卡迪·法迪勒的一封信中却写下了一段让后者气愤不已的话。他写道，埃及在他的眼中一无是处，只是像一个妓女一样徒劳地想要把他与他忠贞不渝的妻子——叙利亚——分开。如果考虑到萨拉丁也曾打击卖淫，那么这话听上去就颇有蔑视的意味。但是，就我们所知，1178 年和 1179 年埃及才发生妓院关闭、妓女被投入监狱的事情。与此相反的是，第三次十字军东征时期的基督教拉丁语文献则指责萨拉丁在其从政之初（担任治安官时期）就通过征收卖淫税获利，并靠着由此赚得的钱财大肆宣传，博取大马士革民众对他的好感。

法蒂玛王朝哈里发统治结束不久，国内关税（阿拉伯语：mukūs）也被取消，因为伊斯兰法律不允许征收这个税种。这一举措不仅是宣示对伊斯兰真信的回归，而且自然也有利于促进贸易。同时，萨拉丁还扮演起社会慈善家的角色，令中央政府征收济贫税（阿拉伯语：zakāt）①，而这在宣传上的作用也不可低估。在此之前，埃及的穆斯林显然都能自行决定哪些穷人及笃信伊斯兰教的慈善团体可以从自己所交的税收中获益。通过这一调整，萨拉丁得以

---

① 又称"天课"，音译"扎卡特"，本为"洁净"之义。伊斯兰教认为，信众可以通过缴纳"天课"来净化自己的财产。最初，穆罕默德把"天课"当作自愿的济贫"善功"，后来他又把"天课"列为必行的义务，每年穆斯林盈余的财产都应该按照不同的税率缴纳"天课"，于是"天课"逐渐发展成为以宗教名义征收的国税。

弥补因取消国内关税带来的财政损失，因为在萨拉丁统治时期，济贫税不仅用来救助社会弱势群体，而且有与之全然无关的其他用途，比如 1191 年这一税收就被用来维持埃及海军。令来自安达卢斯①的旅行者伊本·朱贝尔不满的是，前往麦加的朝圣者也得缴纳济贫税，但据说萨拉丁对此并不知情。由于军费支出不断增加，部分由萨拉丁废除的税收到他后继者的时代又得到恢复，有的甚至是由他本人下令恢复的。对酒类和其他恶习征收的税就是如此，因为到 1193 年，也就是萨拉丁去世后不久，他的儿子阿齐兹·奥斯曼（al-'Azīz Uthmān）便陷入了财政上的窘境。尚不明了的是，萨拉丁是在何时又是因为何故要撤销自己执政早期颁布的命令，同时又恢复了法蒂玛王朝时期显然并未得到贯彻的规定，重新要求非穆斯林民众缴纳高出常规数额两倍的赋税。

早在 1169 年 8 月，萨拉丁便不得不面对第一次权力斗争的考验。当时，一起反对萨拉

① 711～1492 年，阿拉伯人统治着伊比利亚半岛，并称其为安达卢斯，今西班牙南部的安达卢西亚即由此得名。

丁的密谋被发现，谋反者正试图与耶路撒冷国王取得联系，而后者正计划与拜占庭人一道再度对埃及发动进攻。此次密谋的主使是一位黑人宦官，他在哈里发宫廷中担任类似于内廷总管的职务，大权在握。萨拉丁成功地使他掉以轻心，疏于防备，并在后者离开开罗、视察地产之时命人将他抓获处死，这样萨拉丁就可以让自己的亲信取而代之。接着，黑人奴隶在开罗群集反抗，他们不仅人多势众，而且得到了亚美尼亚近卫军的支援。萨拉丁和他的兄长图兰沙以惨无人道的方式进行镇压，在经历两天的战斗之后，这场叛乱才得以平息。这样一来，法蒂玛王朝的哈里发便丧失了所有军权，尽管在后来的几年里在上埃及还发生了多次萨拉丁部队和黑人叛军的战争。

除此之外，临近 1169 年底的时候，萨拉丁还不得不抗击拜占庭海军和法兰克陆军对港口城市杜姆亚特的进攻。这次联合进攻是在 1168 年定下的，在这之前，耶路撒冷国王阿马尔里克于 1167 年 8 月迎娶了一位拜占庭公主。尽管拜占庭海军早在数周之前就已经完成集结，待命进攻，但是阿马尔里克就像在 1168 年时一样，直到 10 月中旬才发兵埃及。他似乎在等待一年一次的尼罗河泛滥的结束，源自埃塞俄比亚高原的夏季降雨给埃及大部分地区带来了肥沃的淤泥，并一直持续到 11 月。幸好阿马尔里克推迟出兵，不然他就要重蹈覆辙，像 1163 年那样被迫撤军。但因为拜占庭人在杜姆亚特城下面临供应困难，他们的舰队在围攻杜姆亚特时没能够成功地切断这座城市来自尼罗河的补给，所以他们只能选择强攻。在强攻失败之后，对杜姆亚特的围攻最终以议和订约而告终。

法兰克人并未参与最后一次进攻，于是拜占庭人便指责他们与穆斯林暗中勾结，有意拖延一场本来意义重大的军事行动。正如萨拉丁在 1171～1173 年命人告诉德意志皇帝腓特烈一世"巴巴罗萨"的那样，其实是拜占庭人自己背着盟友试图寻求与敌人建立秘密联系。在争夺杜姆亚特的战事期间，萨拉丁一直留在开罗。显然他害怕再度发生叛乱，还下令处死了数位出身高贵的埃及人。同样不放心的还有努尔丁，尽管法蒂玛王朝的哈里发向他提出了请求，但在杜姆亚特解围之后他并没有下令让叙利亚军队再次撤出埃及，这些军队正是他7月时派去支援萨拉丁、抵抗预想中的进攻的，随军而来的还有萨拉丁的兄长图兰沙。

3 法蒂玛王朝哈里发政权的垮台

一年半以后，即1171年6月，努尔丁要求萨拉丁下令禁止埃及的清真寺以法蒂玛王朝哈里发的名义举行周五的布道，而是改用阿拔斯王朝哈里发的名号。努尔丁这么做，其实就是要让埃及重归伊斯兰逊尼派之手，同时也借此结束统治埃及202年之久的法蒂玛王朝。这样一来，在叙利亚以铁腕手段对付什叶派的努尔丁不仅能够以捍卫逊尼派正统的先锋自居，而且自然有望得到巴格达阿拔斯王朝哈里发的盛赞，甚至还可以借此再度让萨拉丁归附自己，并对他形成有力的牵制，因为萨拉丁一仆侍二主，难以为努尔丁所掌控。对于努尔丁的要求，萨拉丁也许是犹疑不决的，但无论如何，可以确定的是，他是在经过细致周详的准备之后才满足了努尔丁的要求。比如，他确保逊尼派法学家对他的支持，正是经过这些人的认定，法蒂玛王朝的哈里发制度按照预想中的那样被正式废除。另外，他还下令抓捕了一批可能会威胁到他计划的埃及埃米尔，并没收了他们的财产。萨拉丁的未雨绸缪之举以1171年9月11日在开罗举行的一场盛大阅兵式告终，他希望借此炫耀自己的权威，令所有潜在的反对者闻风丧胆。

法蒂玛王朝哈里发统治的垮台，正好是在伊斯兰历567年（公元1171年）开始后不久。但是，与其说这个时间点与历法中新年的开始有关，倒不如说是因为当时哈里发阿迪德已然身患重病，并最终在大约两周之后也就是9月12日到13日的午夜时分去世。我们并不能排除哈里发被人下毒的嫌疑，但与基督教文献的记载相反的是，萨拉丁对年方二十的哈里发的死亡可能并没有责任。9月10日，也就是伊斯兰历567年的第一个星期五，在福斯塔特的大清真寺中，为了避免可能的变乱，有人试图以阿拔斯王朝哈里发的名号进行布道。一周后的

1171 年 9 月 17 日，在开罗和福斯塔特，周五的布道都再度正式以阿拔斯王朝哈里发的名号举行。不论其中的首倡者是谁，这一举动后来都被不少非埃及人士赞誉为勇气可嘉。改朝换代之后并未马上发生武装变乱，甚至连法蒂玛王朝支持者的抗议都未曾出现。这一切都说明萨拉丁一系列未雨绸缪的举措是卓有成效的。心向旧朝之人一部分似乎已经离开首都，因为他们可能觉得待在乡下更为安全。1171 年 11 月，埃及发行了新币，硬币的一面铸有阿拔斯王朝哈里发穆斯塔迪（al-Mustadī'）的名字，另一面铸有努尔丁的名字。这表明埃及已经重归逊尼派掌控，一切大功告成。

在得知法蒂玛王朝的统治已经终结之后，远在巴格达的阿拔斯王朝哈里发毫不犹豫，立刻命努尔丁统管叙利亚和埃及。努尔丁身着哈里发赐赠的长袖丝绸大礼袍，驾着两匹骏马，在阿拔斯王朝的黑旗下穿过大马士革的街道，举行了盛大的阅兵。萨拉丁同样收到了来自巴格达的礼袍。1172 年 3 月的一天，他身着这件礼袍策马经过开罗的街巷，向当地的民众展示自己的荣耀。

萨拉丁下令逮捕了法蒂玛王朝的王室成员。他们按照性别被分开关押，这样一来他们就无法生育后代，于是法蒂玛家族就此绝嗣。法蒂玛王朝著名的图书馆也难逃厄运。虽然萨拉丁并没有因为书籍内容涉及异端而让人烧毁图书馆丰富的藏书，但他也没有对其加以保管，而是放任多卷本的藏书在接下来的几年中无人照管，以低贱的价格被一卷一卷地拍卖给奸商。

阿迪德由此成为法蒂玛王朝的末代哈里发。但他对王朝的覆灭却不负有责任，因为他大多时候都不能乾纲独断。早在他的诸位前任在位之时，哈里发的大部分权力就已经落入维齐尔手中。哈里发的宫廷中，不同利益团体的阴谋不断，维齐尔一职几易其主，且大多死于非命。除了内部政局不稳之外，军事实力衰微也是法蒂玛王朝垮台的重要原因。早在 1163 年，时任维齐尔的迪克哈姆为了维护自己的地位把一场反对他的密谋消灭在萌芽状态，下令在一次宴会上残杀了法蒂玛王朝几十个位阶极高、经验极为丰富的陆军军官。

虽然法蒂玛王朝的统治结束了，但萨拉丁还尚未平定埃及境内的所有叛乱。1171年的太平光景不过是假象而已，因为到1174年3月萨拉丁便得知有人正与耶路撒冷国王密谋复辟法蒂玛王朝。密谋之人成分复杂——他们的地位和收入虽然都因为萨拉丁而屡遭折损，却并不全属于伊斯玛仪派，因为其中还有逊尼派的埃米尔和萨拉丁的士兵。密谋的几个发起人于4月被钉死在开罗的十字架上，其中还包括颇有名望的逊尼派诗人乌马拉·亚玛尼。

乌马拉·亚玛尼的悲剧正好说明，在12世纪的宫廷诗作中，宣扬"吉哈德"的作品远未深入人心。作为法蒂玛王朝的御用诗人，乌马拉·亚玛尼却通常要为自己的作品买单。他早先为担任维齐尔的本·瑞齐克（Ibn Ruzzīk）及其继任者安－纳齐尔·瑞齐克（an-Nāsir Ruzzīk）和迪克哈姆创作过赞颂"吉哈德"的诗歌。在沙瓦尔担任维齐尔时期，他却赞同应该和耶路撒冷国王阿马尔里克结盟。直到1168

年法兰克人入侵埃及，他才重新在诗歌中鼓吹
"吉哈德"，并将沙瓦尔赞誉为伊斯兰教的开
路先锋。在沙瓦尔死后，亚玛尼又开始颂扬努
尔丁的军队和萨拉丁，但最后却参与了1174
年的谋反。在政治上八面玲珑的类似例子还有
同为逊尼派的法蒂玛王朝宫廷诗人卡迪·法
迪勒，后者在阿迪德时期被擢升为文书官首
长。起先他在诗作中对法蒂玛王朝不吝溢美
之词，而对巴格达的阿拔斯王朝哈里发却大
加挞伐，但后来他倒戈相向，成了萨拉丁的
追随者。

4　军事与外交活动

尽管萨拉丁满足了努尔丁的要求，终结了
法蒂玛王朝的统治，但在随后的两年间他们二
人之间的关系似乎日趋紧张，双方兵戎相见的
危险与日俱增。萨拉丁为努尔丁提供了军事
和财政上的支持，以帮助后者实现大业。但努
尔丁从未踏足埃及，也并不熟悉当地的情况。
就算萨拉丁是真的无法分身支持努尔丁，努
尔丁还是会流露不满，觉得萨拉丁并未全力

相助。

此时，随着萨拉丁在 1170/1171 年冬天攻占艾拉（Aila）[①]，他针对耶路撒冷王国的军事行动旗开得胜，大有希望。落入法兰克人之手的艾拉时刻威胁着往返开罗和大马士革以及开罗与麦加之间的商队，更不用说法兰克人通过将艾拉据为己有确保自己前往红海路途的畅通，而这对于埃及和印度之间的贸易具有重大意义。但就在萨拉丁的这场胜利之后，鉴于努尔丁已然知晓阿尤布家族的野心，他心中可能疑窦丛生，觉得萨拉丁此举并不是要打击法兰克人，而是为了在他们之间建立缓冲地带迈出的第一步，因为一旦他要直接插手埃及事务，萨拉丁就可以借助这一缓冲地带，在死海和西奈半岛之间对他进行拦截。

法蒂玛王朝垮台不久，萨拉丁还未来得及采取善后措施以应对旧朝覆亡可能带来的负面

① 艾拉：今约旦南部城市亚喀巴（Akaba），罗马帝国时期称"艾拉"，是通往印度商路上的重镇。随着伊斯兰教的崛起，艾拉早在穆罕默德在世之时就已经被穆斯林征服。12 世纪初，十字军攻占了艾拉。1250 年，艾拉被纳入马穆鲁克王朝版图。到 16 世纪初，又归属奥斯曼帝国。

后果，便立刻继续对法兰克人用兵，并于1171年9月和10月之交率军直抵法兰克人防卫森严的蒙特利尔要塞（绍巴克）①。这座城堡位于死海以南从开罗前往大马士革的大道上，并与北面远处法兰克人的卡拉克要塞②一道扼守着埃及和叙利亚之间的交通要道。至于萨拉丁采取这一军事行动究竟是奉努尔丁之命，意在一同进攻法兰克人，还是努尔丁在获悉萨拉丁出兵之后才命令他发起进攻，我们不得而知。二者其实皆有可能，这主要是因为努尔丁早在1170年4月就对卡拉克要塞发动短暂的进攻，因此熟悉这个要塞的优劣所在。无论如何，可以确定的是，当努尔丁率军抵达卡拉克要塞时，萨拉丁解除了对蒙特利尔要塞的围困。这样一来，他就避免了和努尔丁会面，并就此返回了埃

---

① 蒙特利尔要塞（Festung Montréal）：位于今约旦境内死海东南岸，由耶路撒冷国王鲍德温一世始建于1115年，扼守从叙利亚通往阿拉伯半岛的商道和朝圣之路，城堡遗址至今犹存。

② 卡拉克要塞（Festung Karak）：位于今约旦境内约旦河东岸，始建于1142年，扼守从大马士革前往埃及和麦加的商路，其建筑融合了欧洲、拜占庭和阿拉伯风格，遗址留存至今，已成为考古博物馆。

及。虽然萨拉丁更希望卡拉克和蒙特利尔这两个要塞在法兰克人手中，而不是为努尔丁所掌控，因为努尔丁一旦占领这两个要塞，那么他对萨拉丁的威胁便近在咫尺。但是，萨拉丁显然在与法兰克人的盟友——贝都因人的作战中蒙受了失败，并由此损失了一部分武器装备。在向努尔丁致歉时，萨拉丁的理由却也合情合理，他声称埃及内部的困局迫使他回到尼罗河之滨。

这样一来，萨拉丁后来于1173年夏在卡拉克地区采取的军事行动似乎也并不是针对卡拉克要塞，而是为了回击在那里的贝都因人，以挽回1171年的败绩。但这次军事行动依然无果而终，萨拉丁之所以中途停止了军事打击，可能是因为他的父亲在骑马时遭逢意外并在九天以后去世。起先阿尤布被安葬在开罗谢尔库赫墓地近旁，但两年之后麦地那成为这两兄弟最后的长眠之地。除了先知穆罕默德之外，还有众多虔诚的穆斯林被安葬在这里。阿尤布和谢尔库赫都担任过一年一度叙利亚朝圣团队的向导，并分别于1157年和1161年前往麦加朝圣。

努尔丁之所以在 1170 年允许阿尤布迁居埃及，可能是为了借此确保萨拉丁遵循他的命令。随着一向行事谨慎的阿尤布故去，努尔丁对萨拉丁更加猜忌。

萨拉丁在这一时期并不只是对耶路撒冷王国用兵。他的侄子塔基亚丁·奥马尔（Taqīyaddīn 'Umar）的军中聚集了一批冒险家，萨拉丁便借助他的军队向西扩张自己的势力范围。到 1173 年，萨拉丁控制的范围已经越过巴卡和的黎波里，直抵强大的穆瓦希德帝国①边境。1174 年 2 月末，萨拉丁的兄长图兰沙发兵远征也门。鉴于萨拉丁此时在埃及可调用的兵力甚为有限，我们不禁要问，究竟是萨拉丁并不认为努尔丁会攻打他，还是他对努尔丁可能的进攻泰然自若、处变不惊。也许他是想确保图兰沙忙于埃及境外的战事，因为图兰沙野心勃勃，这让萨拉丁感到不安。又或者图兰沙本身就希望在也门建立自己的统治。图兰沙在那

---

① 穆瓦希德帝国：由北非柏柏尔人建立的伊斯兰王国，1147~1269 年统治埃及以西的北非地区和伊比利亚半岛南部地区。

里攻占了扎比德（Zabīd）①、萨那（Sanʻā）②和亚丁（ʻAdan）③，并下令每周五的布道再度以阿拔斯王朝哈里发的名义举行。而这一点正是萨拉丁在给他的信中特意强调的。于是，在上文提到的这两大地域，法蒂玛王朝先前建立的来自埃及的威权得以恢复。但是不得不说，萨拉丁之所以发兵东征西讨，其实也是为了让阿尤布家族的军队有事可做，同时也可获得新的资源以供养军队。常年征战将成为萨拉丁统治的基石和显著特征。

毫无疑问的是，萨拉丁对外希望能够尽数

---

① 扎比德：位于今也门西南部，红海沿岸城市。先知穆罕默德的同伴阿布·穆萨·艾什尔里（Abū Mūsā al-Aschʻarī）便出生于此地，并于628年在扎比德建造了大清真寺，据说这也是伊斯兰教历史上建造的第五座清真寺。扎比德先后作为也门齐亚德王朝（819~1018）和纳贾希王朝（1022~1158）的首都。扎比德历史城区于1993年被列入《世界文化遗产名录》。

② 萨那：今也门首都。该城据称由赛伯伊人在3世纪建立，6世纪时成为波斯帝国和阿比西尼亚帝国的必争之地，628年皈依伊斯兰教。

③ 亚丁：位于今也门南部、亚丁湾北岸。早在公元前8世纪，亚丁就已经是重要的商贸港口。3世纪后，亚丁一度衰落，但到阿尤布王朝和拉苏里王朝（1229~1454）时期，亚丁再度繁荣，成为印度和埃及商贸往来的中转站。

054

掌控努尔丁的行动和打算，对此他不遗余力，而且还颇为得意。在北非和也门的战事是得到努尔丁首肯的，自然无法隐瞒。但对于萨拉丁所维系的外交关系而言，那就是另外一回事了。1171~1173年，萨拉丁毫不犹豫地接受了巴巴罗萨提出的结盟请求。他派出一位使臣觐见巴巴罗萨，并要求使臣在巴巴罗萨面前强调，与拜占庭人阳奉阴违的做派不同的是，他本人信守契约、实事求是。信仰的仇敌之间居然保持着友好的往来。也许是为了对此进行辩解，在当时的德意志流传着这样的说法，萨拉丁命人向巴巴罗萨请求联姻，希望他能把他的女儿许配给自己的儿子，而作为回报，萨拉丁许诺自己和他的臣民改宗基督教并释放所有的基督徒囚犯。萨拉丁和巴巴罗萨的约定显然是冲着拜占庭的。拜占庭其实有意与萨拉丁建立友好的关系，却并不受萨拉丁待见。在这之后不久，萨拉丁似乎也与比萨结盟，以抵御1174年西西里岛诺曼人的一支舰队对亚历山大港的进攻。

在这两件事上，我们都未曾听闻萨拉丁曾回头与努尔丁商议。正如巴巴罗萨的倡议所显示的那样，在基督徒眼中，萨拉丁是独立自主的埃及统治者，而非依附于努尔丁的臣下。举例来说，在法蒂玛王朝哈里发的统治垮台之后，泰尔的威廉就同时使用哈里发和维齐尔（calipha et soldanus）来称呼萨拉丁，而这便反映了基督徒的上述看法。1173 年耶路撒冷国王阿马尔里克请求欧洲再次进行十字军东征的求援文书中，也同样是说日益逼近的威胁不仅来自努尔丁，而且源自令人畏惧的萨拉丁。

1175 年，萨拉丁和巴巴罗萨之间再度建立联系。当年 9 月，皇帝派使者——热那亚的伯查德（Burchard in Genua）乘船前往埃及，并从那里转道叙利亚，因为此时萨拉丁正在那里为争夺努尔丁的遗产作战。伯查德将出使途中所见的风土人情记录了下来，而这被保存在了吕贝克的阿诺德（Arnold von Lübeck）① 撰写的《斯拉夫编年史》中。令人惊讶的是，在伯查德

---

① 吕贝克的阿诺德（约 1150~约 1214）：中世纪编年史学家，自 1177 年起任吕贝克圣约翰修道院院长。著有《斯拉夫编年史》（*Chronica Slavorum*），记载了征服斯拉夫人的狮子亨利和他的儿子、神圣罗马帝国皇帝奥托四世时代的历史。

055

的记载中，少有当时西方世界广泛流传的对伊斯兰教的偏见。伯查德对埃及的富饶印象深刻，但遗憾的是并未提及此次出使的目的与成果。他的这次出访有可能是为了向萨拉丁祝贺最新的军事胜利并打探后者的意图。

与基督徒不同的是，对萨拉丁经营的与巴巴罗萨的关系，伊斯兰世界的史学家彻底沉默。也许这对他们来说不值一提，因为萨拉丁和巴巴罗萨之间的交往并没有产生具体的后果，又或者这在他们看来是有损颜面的。举例而言，虽然萨拉丁的使者阿布·塔希尔·伊斯玛依尔（Abū Tāhir Ismāʿīl）接到的指令是极为有趣的历史信息，但它并未被收录在编年史中，而是见于卡迪·法迪勒的阿拉伯书信集。

第四章 努尔丁的遗产

1 努尔丁最后的岁月

对于萨拉丁在外交上的动作,努尔丁显然毫不知情,但至少在对埃及的财政管理上,努尔丁并不信任萨拉丁。谢尔库赫的三次征讨所带来的财政支出至少应当得到弥补。尽管萨拉丁屡次把钱财送到叙利亚,但是这些钱财其实主要是法蒂玛王朝国库中的珍宝,而努尔丁对此不太感兴趣。在努尔丁看来,萨拉丁送给他的钱财在数额上肯定是颇为令人失望的,因为在当时人眼中埃及完全是一个充满宝藏的国度,而那里的黄金储备更是取之不尽,用之不竭。

然而，埃及的黄金其实正在日益减少，金矿和法老的陵墓似乎再也无法产出黄金。此外，还需要为萨拉丁澄清的是，由于法蒂玛王朝财政支出巨大，而沙瓦尔又承诺向法兰克人纳贡，所以当萨拉丁接管埃及政权时法蒂玛王朝国库的亏损已然惊人。除此之外，萨拉丁实行的改革措施也耗费了大量财力，而这些措施最初是有利于努尔丁的。

另外，随着埃及的实力再度增强，萨拉丁自身的权势也与日俱增，并可能对努尔丁构成威胁。于是在1173/1174年冬天或者是后一年的春天，努尔丁派他的一位亲信前往开罗，并检查先前由阿尤布监管的埃及财政，确定萨拉丁应缴纳钱财的数额。作为回应，萨拉丁也命人写了一份报告来为自己辩解，并派自己的使者将这份报告送到大马士革。在此期间，努尔丁正在为一场大规模的讨伐整军备战。根据伊本·艾西尔的说法，这场远征的目标正是埃及。因此，努尔丁对埃及的入侵在当时可以说是迫在眉睫，但是随着努尔丁于1174年5月15日去世，萨拉丁面临的危机得以解除。

自谢尔库赫征服埃及以来，努尔丁仍然不知疲倦地宣扬他的最高政治目标乃是将耶路撒冷从法兰克人的手中解放出来。于是他命人在阿勒颇建造了一座布道讲坛（阿拉伯语：minbar），在征服圣城之后，这座讲坛将被立在阿克萨清真寺内。另外，在给巴格达哈里发的信件和诗作中，他还让人赞颂自己是穆斯林抗击法兰克人的"圣战"中的开路先锋。

尽管如此，努尔丁仍然通过牺牲自己的穆斯林邻邦来扩大自己的权势，并对其中一些邻国发起了武力进攻。1170 年 9 月他的兄弟库巴丁·马杜德（Qutbaddīn Maudūd）去世之后，努尔丁插手了摩苏尔的继承事务，并于 1171 年 1 月扶植了他尚且年幼的侄子萨法丁·加齐继任摩苏尔总督，由此获得了摩苏尔的臣服，但其实早在几年前，摩苏尔周五的布道就已经在以他的名义举行。萨法丁迎娶了努尔丁的一个女儿。在努尔丁的命令下，摩苏尔所有违背伊斯兰法律的税收都被废除，而对基督徒的征税则提高了。努尔丁还打算与罗姆塞尔柱苏丹国苏丹、他的内兄基利杰·阿尔斯兰二世一道进攻安条克公国，但这一计划并没有成功，因为拜占庭皇帝曼努埃尔一世威胁基利杰·阿尔斯兰二世，一旦后者进攻安条克公国，那么他就会攻打罗姆塞尔柱苏丹国，而基利杰·阿尔斯兰二世并不愿冒这个风险。于是努尔丁只得牺牲他的一个穆斯林邻国，以完成他的征服计划，因为后者正好向努尔丁求援。基利杰·阿尔斯兰二世曾拒绝把自己征服的马拉蒂亚（Malatīya）①和锡瓦斯（Sīwās）②交还努尔丁，于是努尔丁在 1173 年夏天攻打基利杰·阿尔斯兰二世，并在取得一系列军事胜利后迫使后者求和。根据双方缔结的和约，作为条件，基利杰·阿尔斯兰二世必须首先证明自己的信仰是正统的，并承诺将和努尔丁一起发动与拜占庭帝国的战争。其实努尔丁本就不太能称得上是伊斯兰教的开路先锋，但这里还需要考虑的是，在信奉伊斯兰教正统的信徒眼中，基利杰·阿尔斯兰二世

① 马拉蒂亚：今土耳其东南部城市。罗马帝国时期为由恺撒创立的第十二雷电军团的驻地。575 年，拜占庭帝国将领查士丁尼（Justinian）就是在此地击败了波斯萨珊王朝的霍斯劳一世（Chosrau I）。

② 锡瓦斯：今土耳其中部城市，历属波斯帝国、罗马帝国、拜占庭帝国和塞尔柱帝国。

并不能算是合格的穆斯林，因为在这位苏丹及其继任者的宫廷中，占星术依然受人尊重。撇开这些不谈，努尔丁在 1173 年夏天成功地从巴格达哈里发那里获得了一份诏书，这份诏书明确规定并承认努尔丁的统治地区除了叙利亚和埃及之外还包括美索不达米亚北部、亚美尼亚以及安纳托利亚南部，但对科尼亚的苏丹政权，他其实自始至终连间接统治都谈不上。如此一来，对于努尔丁而言，征服罗姆塞尔柱苏丹国的重要性并不亚于讨伐信奉基督教的十字军国家。

至于努尔丁对法兰克人的政策，他在生命的最后几年中多次决定对后者采取小规模的军事行动。1171 年 9 月，萨拉丁在同时出击安条克公国和的黎波里伯国之后攻占了阿尔瓜（'Arqā）①。但努尔丁如果要想发起一次影响深远的大规模进攻，就只能等到他能够确保得到萨

① 阿尔瓜：位于今黎巴嫩北部，早在公元前 1350 年的文献中就已经出现这座城市的名字，罗马帝国时期称为"黎巴嫩的凯撒里亚"，罗马皇帝亚历山大·塞维鲁（Alexander Severus）在此地出生。中世纪时阿尔瓜为一处军事要塞，扼守从塔尔图斯前往的黎波里的要道。

拉丁和埃及军队的支持。前文提到的两次军事行动，也就是努尔丁分别于 1170 年 4 月和 1171 年 10 月进攻卡拉克要塞却未获胜绩的战事，其实更多的是为了保证叙利亚和埃及之间联络顺畅，而非意在对法兰克人作战。在努尔丁开辟的广袤帝国中，重要信息的迅速传递依靠的并不是马匹或者骆驼，而是在法蒂玛王朝灭亡之后建立的覆盖全境的飞鸽传书系统。

除此之外，努尔丁还毫无顾忌地对逃到他宫廷的穆莱（Mleh）施以援手，后者是 1168 年 12 月逝世的亚美尼亚国王索罗斯（Thoros）的弟弟。努尔丁为他准备了一支奇里乞亚的军队，以助他继承王位。这就意味着努尔丁为一位基督徒提供了军事支持。但正如他在回应批评、为自己辩解正名时所说的那样，他之所以这么做，其实是为了对付拜占庭人和法兰克人。

努尔丁不仅在口头上而且在行动上满怀热情地致力于巩固和传播伊斯兰教的逊尼派正统信仰。在阿勒颇和大马士革，他建立了"司法院"（阿拉伯语：dār al-'adl）作为最高法院并介入其中。每逢周二和周四，他都会和法官与法律学者一道出席，听取人们对所受不公待遇的申诉，进而清除弊端。因此，努尔丁还获得了"公正之王"（阿拉伯语：al-malik al-'ādil）和"受压迫者的庇护人与压迫的抗击者"（阿拉伯语：munsif al-mazlumīn min az-zālimīn）的头衔。作为伊斯兰正统信仰的开路先锋，努尔丁在帝国境内大力增设教法学校，使其数量大为提升。其中最早的教法学校由塞尔柱人建立（11世纪末），当时意在应对法蒂玛王朝伊斯玛仪－什叶派的传教与宣传。此外，努尔丁还在1170~1171年创建了"圣训院"（阿拉伯语：dār al-hadīth），以便在圣行的基础上促进对穆罕默德语录的搜集与整理。努尔丁还曾在几位最为重要的埃米尔的陪同下亲自参加"圣训院"的会议。

泰尔的威廉一面将努尔丁称为基督教最大的敌人，一面又把他誉为公正的统治者、一个虔诚敬神的人。这种看法不无道理。因此，可以认定，对于努尔丁而言，宣扬"吉哈德"并不仅仅是为了实现政治抱负，尽管他的政策全然未曾一以贯之，而是充满矛盾的。然而，在他的帝国中，并不是所有人都在 1174 年为他的去世感到哀痛。准确地说，当他的死讯传到摩苏尔时，他的侄子萨法丁下令让当地的民众饮酒欢庆。

2 耶路撒冷国王阿马尔里克之死

在努尔丁逝世差不多两周后，耶路撒冷国王阿马尔里克也在 1174 年 7 月 11 日去世。在给阿马尔里克尚未成年的儿子鲍德温四世的唁函中，萨拉丁表达了对阿马尔里克过世的深切悲痛，与此同时他还恭贺鲍德温四世荣登王位，并预祝他未来诸事遂意。尤其值得一提的是，我们在唁函中可以读到如下文字："他应该知道，我们是站在他一边的，正如当年我们站在他父王一边。我们之间有着纯粹的友谊、完美的信念以及牢不可破、生死如一的钦慕与好感。"初看之下，这封唁函的行文显示的骑士风度似乎颇为引人注目。但是在卡迪·法迪勒书信集里的一封信中，当萨拉丁命人将耶路撒冷国王的死讯转告他的侄子法鲁克沙（Farrukhschāh）时，他却诅咒阿马尔里克，希望他被永远罚入地狱。而这使萨拉丁得到伪君子的恶名。他前后矛盾的言辞也许可以这样解释：他之所以如此突出强调与阿马尔里克之间的友谊，是因为这背后隐藏着双方未曾见于其他任何文献的某个具体协议，否则萨拉丁不会使用这种措辞。可以支持这一说法的还有萨拉丁于1173年在卡拉克地区采取的军事行动。那次行动针对的乃是贝都因人。尽管当时阿马尔里克正在北方对亚美尼亚用兵，而王国南方与埃及的交界地带大多没有设防，但是萨拉丁并没有率军进攻法兰克人。阿马尔里克和萨拉丁之间签订的协议大概事关共同防御努尔丁，因为后者是双方唯一共同的敌人。他们之间的约定可能包含如下内容：阿马尔里克保证，当努尔丁武装干涉埃及时他将派兵援助；而萨拉丁则承诺不派遣埃及的军队帮助努尔丁进攻阿马尔里克。如此一来，1173~1174年萨拉丁对耶路撒冷王国的政策其实似乎与当年法蒂玛王朝维齐尔沙瓦尔采取的策略并无不同。

尽管阿马尔里克已经与萨拉丁缔约以共同抵御努尔丁，但他仍然打算在1174年和西西里的诺曼人一道再度征伐埃及，并计划与上文述及的埃及国内叛乱同时发难。但萨拉丁于1174年5月成功地发现了策动叛乱的密谋，此外诺曼人的舰队似乎也没有及时到达亚历山大港，于是阿马尔里克放弃了这个计划。另外，努尔丁的去世可能也促使阿马尔里克改变了计划，因为在努尔丁死后不久阿马尔里克就发兵进攻1164年陷于努尔丁之手的巴尼亚斯，然而战事开始后不久，双方便约定停战。

至于这一时期政治与宗教宣传之间的关系，值得一提的是，虽然萨拉丁在阿马尔里克死后愿意维持与耶路撒冷王国的盟约，但是为了争夺努尔丁的政治遗产，他依然毫无顾忌地抨击大马士革的新掌权者伊本·穆卡达姆（Ibn al-Muqaddam）背叛了伊斯兰教，因为后者通过赔款和释放战俘换取了与耶路撒冷王国的停战。萨拉丁这么做，是为了标榜自己才是赞吉王朝利益的捍卫者，是伊斯兰教的开路先锋。对于萨拉丁来说，宣扬"吉哈德"的目的在于把自己塑造成努尔丁的真正继承人，并使自己篡夺赞吉王朝大权的计划获得合法性。

1174 年毫无疑问是萨拉丁一生中最为重要的年份之一。7 月末，历经三天激战，他打退了强大的诺曼人舰队对亚历山大港的进攻。8 月，法蒂玛王朝的拥护者在上埃及再度叛乱，但萨拉丁分毫无损，安然度过。这样一来，他便可以全力应对努尔丁帝国的继承者问题。

3 攻占大马士革

努尔丁的继承人是他尚未成年的独子萨利赫·伊斯梅尔（as-Sālih Ismā'īl）。许多埃米尔都在为摄政王的人选争吵不休。曾以努尔丁名义掌握摩苏尔要塞最高指挥权但后来从那里逃脱的宦官库姆什提金（Kumuschtikīn）成功地把萨利赫带到了阿勒颇。在那里，库姆什提金命人将努尔丁在阿勒颇的诸位代理人投入监狱并代萨利赫行使大权。当摩苏尔的萨法丁（Saifaddīn）正急于吞并幼发拉底河对岸原属他叔叔的领土的时候，萨拉丁宣布承认萨利赫享有最高权力，并宣称自己将以萨利赫庇护人的身份行事。数月之后，大马士革的本·穆卡达姆请求萨拉丁干预，于是萨拉丁便委托他的弟弟阿迪勒（al-'Ādil）留守开罗，自己率领一支仅由七百名骑兵组成的小规模部队前往布斯拉，并于 1174 年 10 月 23 日抵达目的地。在之后的行程中，越来越多的埃米尔加入萨拉丁的阵营，而这使他得以在五天之后几乎兵不血刃地进入了大马士革。在那里，他马上废除了与伊斯兰法律相违背的征税，在努尔丁死后，这些税收一度得到恢复。

然而，萨拉丁并没有很快就取得对阿勒颇的控制权，因为阿勒颇已经与摩苏尔和耶路撒冷王国结盟。虽然萨拉丁得以攻占哈马、霍姆斯和巴勒贝克，并于 1175 年 4 月 13 日在哈马城的双峰山附近大败阿勒颇和摩苏尔联军，但是阿勒颇在这之后依然由萨利赫统治，尽管后者不得不承诺不再与法兰克人结盟，并必须在与法兰克人的战争中支持萨拉丁。之后不久，在萨拉丁的势力范围内，周五的布道仪式上提到的统治者不再是萨利赫，而是变成了萨拉丁。与此相应的是，在开罗铸造的金币上也开始出现萨拉丁的名字。在此期间，巴格达的哈里发也承认了萨拉丁篡夺赞吉王朝大权的合法性。

作为对一封历数萨拉丁所有功绩的长信的回复，哈里发命人向萨拉丁转交了一份文件，在这份文件中，他授予萨拉丁对埃及、也门以及叙利亚（除了阿勒颇之外）的统治权。不过哈里发并没有完全满足萨拉丁的请求，因为后者提出获得对努尔丁帝国全境的统治权。此外，他还要求萨拉丁保卫埃及沿海地区，以防欧洲人来犯，并令他夺回耶路撒冷，因为现在所有的条件都已成熟。

在萨拉丁从叙利亚北部再度回到大马士革之后，他还是与的黎波里伯国的雷蒙德三世（Raimund III）签订了停战协议，后者还是耶路撒冷王国的摄政王，曾于1175年1月进攻霍姆斯，以此迫使萨拉丁解除了对阿勒颇的围困。随着停战协议的签署，阿勒颇和摩苏尔的赞吉王朝势力便失去了可以让萨拉丁腹背受敌的盟友，但尽管如此，他们依然抱定了要与篡权者继续斗争的决心。于是，到第二年，也就是1176年4月23日，双方在阿勒颇以南的苏丹山（Tall as-Sultān）附近再度交战。这次萨拉丁再次大败赞吉王朝的军队。和上一年一样，这次萨拉丁——大概是出于政治上的考量——在获胜之后仍是对敌人宽大为怀。他并没有乘胜追击逃窜的敌军，还释放了俘获的几位埃米尔。然而，他也利用这一机会大肆宣传：他告诫自己的军队，摩苏尔的萨法丁穷奢极欲，在他看来"差不多如同妓院"，这是道德败坏的惊人恶例，因为在战争期间萨法丁既没有停止花天酒地，远离声色犬马，也没有舍弃他豢养鸽子、夜莺和鹦鹉的鸟舍。

尽管萨拉丁在战场上得到幸运之神的眷顾，在对待敌人之时也有意奉行怀柔政策，但是他在 1176 年依然无法取得对阿勒颇的统治权。虽然他攻占了布扎（Buzā'a）、曼比季和阿扎兹（A'zāz）这三座位于阿勒颇东部和北方的要塞，并于 7 月再度围困阿勒颇，但是围城的最终结果却不过是重订 1175 年的条约，而摩苏尔的统治者及其在磐石堡和马尔丁两地的附庸国也成了新的签约方。至于那三座被攻占的要塞，萨拉丁后来又重新把阿扎兹归还萨利赫。

在对阿扎兹长达数周的围困中，萨拉丁在自己的营帐中险遭刺杀，暗杀者来自与萨利赫

结盟的阿萨辛教派 [1]，该派别因其暗杀活动在不久以后逃亡到欧洲。其实他们在 1175 年就试图暗杀萨拉丁。作为报复，萨拉丁后来攻打了迈斯亚夫（Masyāf）[2]，那里是阿萨辛派在叙利亚的大本营。在这之后，双方似乎在 1176 年 8 月达成了一项协议。无论如何，可以确定的是，自那以后萨拉丁和阿萨辛派首领——后者在基督教文献中被称为传说中的"山中老人"——和平

---

[1] 阿萨辛派：什叶派伊斯玛仪派的分支，法蒂玛王朝哈里发继任者之争导致了这一派别的产生。法蒂玛王朝第八任哈里发穆斯塔西尔（1035~1094）废黜了被立为王位继承人的长子尼查尔，改立次子穆斯塔里·比拉。穆斯塔里继位之后，尼查尔举兵反抗，但最终失败。于是，伊斯玛仪派一分为二，史称穆斯塔里派和尼查尔派。前者一直占据着法蒂玛王朝哈里发的地位，直到 1171 年被萨拉丁废黜；后者在埃及以外谋求发展，其创始人哈桑·本·萨巴（Hasan-i Sabbāh，1050 年代~1124 年）打出辅佐尼查尔幼子的旗号，占据了伊朗西北部的阿拉穆特堡（Festung Alamut），以从事暗杀活动闻名。不少西方语言中的"刺客"一词便是源于阿萨辛派，如英语中的"assassin"。

[2] 迈斯亚夫：叙利亚西部城市，拜占庭帝国时期在此地建立了一座要塞。自 1102 年起，阿萨辛派开始在叙利亚传教，并于 1141 年占据了迈斯亚夫城堡。此地崇山峻岭遍布，交通闭塞，于是阿萨辛派得以割据一方。自 1164 年起，有"山中老人"之称的拉希德丁·锡南（Rāšid ad-Dīn Sinān，约 1135~1193）便在此居住。1270 年，马穆鲁克王朝苏丹拜巴尔一世攻克迈斯亚夫，阿萨辛派在叙利亚的势力遭受重创。

共处。

萨拉丁回到大马士革不久就在 1176 年
9 月初娶了努尔丁的遗孀伊斯玛塔丁·哈通
（'Ismataddīn Khātūn），后者为乌讷尔之女，
1147 年嫁给了努尔丁，但她并不是萨利赫的母
亲。萨拉丁意在借此强调他是大马士革诸位先
王的合法继承者。当这个比萨拉丁年长数岁的
女人于 1186 年 1 月逝世时，萨拉丁似乎十分悲
痛。有一首同时期的拉丁语诗歌却强加给萨拉
丁得位不正的恶名，因为是他勾引了努尔丁的
女人，并在努尔丁被杀之后迎娶了她。

4 向法兰克人进军

在离开两年后，萨拉丁于 1176 年 9 月赶
回埃及。除了大力重建埃及海军舰队之外，他
还下令修缮亚历山大港、杜姆亚特和庭尼斯
（Tinnīs）① 这些地中海沿岸城市的城防工事，以
防备海上来敌的侵袭。与此相比，萨拉丁在埃
及内地采取的措施则更多的是为了防备法蒂玛

① 庭尼斯：中世纪埃及港口，位于埃及东北方地中海
沿岸。

王朝残余叛乱再起，而不是为了防御外敌侵犯，因为在萨拉丁离开埃及期间法蒂玛王朝残余势力反叛的危机尤为严重。因此，他不仅下令兴建一道城墙将开罗和未设防的福斯塔特围护其中，而且命人在开罗南边遍布岩石、扼守尼罗河谷地的穆卡塔姆山（Muqattam-Berge）脚下修筑了一座要塞，因为在叙利亚每一座重要的城市都有一座要塞拱卫。另外，萨拉丁还要在这座要塞内建造墓地和数座清真寺。除了来自穆卡塔姆山采石场的岩石之外，吉萨附近有几座小金字塔的大石块也被用于萨拉丁的建设工程。与十字军国家建造城防工事并无不同的是，这项艰苦的工作也主要是由战俘来承担。要塞在萨拉丁死后十五年竣工，而城墙则未能最终建成。

1177 年夏，西西里诺曼人的一支舰队劫掠了庭尼斯港，尽管当时拜占庭帝国的一支舰队已经抵达阿卡，但这并没有演变成拜占庭人和法兰克人对埃及的又一次军事行动。之后，正如萨拉丁所宣传的那样，他在 1177 年 11 月发兵进攻耶路撒冷王国。萨拉丁从南边出发，沿着海岸远远地向着耶路撒冷挺进，但其实这次军事行动与其说是为了进攻圣城而做的准备工作，不如说是一次沿途劫掠行动，而这么做可能是为了引开在叙利亚北部征战的法兰克人军队，这支军队因受过佛兰德伯爵腓力的训练实力大增。又或许萨拉丁只是想利用法兰克人精锐部队不在国内的机会。至于在进军过程中被俘之人，萨拉丁毫不犹豫地下令将他们斩杀。然而，到1177年11月25日，萨拉丁却在拉姆拉附近意外遭遇了鲍德温四世，后者当时刚率领由他自己招募的最后一批后备部队回撤到亚实基伦城内以求庇护。虽然萨拉丁的军队在数量上占据优势，却因过于大意而兵力分散，只能在匆忙之中列队迎敌。于是，萨拉丁惨遭败绩，但同时法兰克人也损失惨重。萨拉丁不可战胜的神话就此终结。接着，萨拉丁在返回埃及的途中又遭遇了反常的寒冷天气、绵延数日的瓢泼大雨以及贝都因人的骚扰劫掠，幸而卡迪·法迪勒率军前来，在荒漠中救下了萨拉丁。

尽管惨遭失败，但是萨拉丁在斋月一结束

便于 1178 年 4 月率领重整的部队再度开拔前往大马士革，并于 4 月中旬到达那里。由于 1178 年旱情严重，当年根本不可能发动大规模的军事行动，但是一支规模较小的法兰克军队却在 8 月进入哈马一带。这次进攻被萨拉丁在哈马的总督成功击退，后者还俘获了众多基督徒。这些俘虏被送到萨拉丁那里。他让自己近旁的人一排一排地斩杀这些基督徒。而这却让萨拉丁的文书官伊马达丁（'Imādaddīn）和他久经考验的谋臣卡迪·法迪勒颇为不满，前者当场侧目而视，而后者则并不在场。

一年之后，萨拉丁成功报复鲍德温四世。1179 年 4 月，萨拉丁的侄子法鲁克沙（Farrukhschāh）从大马士革出发，在劫掠行军中遭遇鲍德温四世并战而胜之。之后，萨拉丁的军队在赛达一带劫掠行军。到 6 月 10 日，这次军事行动在玛尔吉 – 乌于恩（Mardj 'Uyūn）附近演变成一场大战，萨拉丁大获全胜。在萨拉丁俘获的众多军人中，有 270 名骑士，他们后来通过高昂的赎金以及与穆斯林交换俘虏的方式被释放。但是作为圣殿骑士团团长的尤德斯·德·阿曼德

（Odo von St. Amand）却拒绝靠赎买获得自由，他在不久后死去。

在玛尔吉－乌于恩的胜利使萨拉丁得以在8月底对位于加利利海（See Genezareth）①以北的圣殿骑士团城堡发动强攻并最终将其攻克。这座城堡是后来新建的，却还有部分尚未完工，它坐落在约旦河的雅各布河滩，具有重要的战略地位。萨拉丁的军队通过掏空城墙基础和火攻的办法，摧毁了一部分城墙。于是，萨拉丁再也不愿接受敌人的投降，而骑士团的骑士只能在绝望中战斗到底。圣殿骑士团的指挥官情愿葬身火海也不愿沦为阶下囚。就在一年之前，萨拉丁还徒劳地对城堡的修建提出抗议，并悬赏10万第纳尔荡平它。如今却是萨拉丁亲自将它夷为平地。

当100名脚戴铁链的穆斯林从基督徒的监狱中获得释放时，数百位基督徒却觉得自己的命运全系于萨拉丁的仁慈之心。根据伊斯兰法

---

① 加利利海：以色列东北部湖泊，湖面位于海平面以下212米，为全世界海拔最低的淡水湖，属于东非大裂谷向亚洲延伸的部分。

律，萨拉丁下令将背弃伊斯兰信仰转投基督教的叛教之人及所有的弓箭手处死。此外，大多数被俘的基督徒遭到萨拉丁军中自告奋勇之士的残杀，剩余的基督徒则被带到大马士革。尸体填满了城堡幽深的水井，再也无法取水。待萨拉丁于9月中旬重新回到大马士革，他自己也遭受了重大损失，并为此惋惜不已。这是因为在他的埃米尔中，超过十人身染重病，至于患病的普通士兵，人数可能还要远多于此，疾病大概源自雅各布河滩上因天气酷热而迅速腐烂的尸体。

萨拉丁曾在前些年重建了埃及的海军舰队，这支舰队建制独立，拥有自己的行政管理机构。就在1179年，这支舰队也取得了一场胜利。这场胜利向十字军国家显示了来自萨拉丁的与日俱增的威胁，特别是数百年来称雄海洋的热那亚人、比萨人和威尼斯人，萨拉丁在海上的胜利也让他们陷入反思。10月中旬，秋季的风暴即将在地中海上肆虐，海上航行也将因此而变得近乎不可能，就在这时，萨拉丁的舰队夜袭阿卡，占据了地中海东部这座最为重要的港口长达两日，并摧毁了惊慌失措的基督徒的数艘船。

5　阿勒颇与摩苏尔的主人

到第二年，萨拉丁终于得以改善自己与阿勒颇和摩苏尔之间的态势。他在 1180 年把摩苏尔的其中一大附庸国争取到自己一边，因为他响应了磐石堡的努尔丁·穆罕默德（Nūraddīn Muhammad）的求援，后者正欲抵抗其好战的岳父基利杰·阿尔斯兰二世的入侵。四年前，基利杰·阿尔斯兰二世在密列奥塞法隆（Myriokephalon）附近给了拜占庭人毁灭性的打击，但他并没有充分利用这场胜利，而是转向东方，试图通过牺牲自己穆斯林邻邦的利益来扩张自己的势力。但他在 1179 年遭到萨拉丁的反击，败给了后者的侄子塔吉亚丁。于是，他便要求自己的女婿归还当时作为嫁妆相送的领土，因为努尔丁·穆罕默德并没有把他的女儿视作最珍爱的妻子，而只把她当作歌女。萨拉丁在科尼亚苏丹面前耀武扬威，以迫使他有所收敛。除此之外，他还赠给了磐石堡

的努尔丁和他的弟弟马尔丁的阿布·伯克尔
（Abū Bakr）极为丰厚的礼物。萨拉丁的这一举
动意在打动赞吉王朝除了这两位阿尔图格家族
的埃米尔之外的其他属国君主，以便在可能之
时与之结盟。

1180 年底，萨法丁在摩苏尔去世。还不到
18 个月，即 1181 年 12 月，他 19 岁的堂兄弟萨
利赫也在阿勒颇死亡。萨利赫作为虔诚的穆斯
林，尽管身患重病，但还是拒绝了医生让其饮
酒的建议。随着努尔丁独子和唯一继承人的突
然死亡，萨拉丁幸运地又少了一个对手，而这
位对手要是活着，就会在未来给他带来巨大的
麻烦。与萨法丁的意愿相悖的是，他 12 岁的儿
子并没有成为他的继承人，继承他遗产的是他
的弟弟伊扎丁·马斯乌德（'Izzaddīn Mas'ūd）。
后者在萨利赫死后兵不血刃地接管了阿勒颇的
统治权，还娶了萨利赫的母亲，并命人把所有
珍宝都运到摩苏尔。1181 年，萨拉丁尚在埃及
停留，尽管他向自己在大马士革和哈马的侄子
们发布了相应的命令，却未能阻止这一切发生。

由于阿勒颇和摩苏尔再度统一于赞吉王朝，

对于萨拉丁而言，战端重开无可避免。他重申了早先的说法：1180 年逝世的哈里发穆斯塔迪（al-Mustadī）早已命他统驭阿勒颇。另外，他还在新任哈里发纳西尔（an-Nāsir）面前指责摩苏尔的伊扎丁，因为根据他手中的数封信件，伊扎丁与法兰克人和阿萨辛派交好。萨拉丁还说要把交到他手中的最后一封信作为证据寄给哈里发。在 1181 年对众多领域进行改革之后，萨拉丁于 1182 年 5 月离开了埃及，从此再也没有回来。8 月，萨拉丁命令陆军和海军舰队突袭贝鲁特，但未获成功。接着他继续向阿勒颇进军，并在 9 月 19 日到达那里。但是他并没有打算围城，因为在他行军途中摩苏尔属国哈兰（Harrān）①的总督敦促他渡过幼发拉底河，进而取得对河对岸土地的统治权。于是萨拉丁许诺，凡是归顺他并在对抗异教的战争中支持他的总督，他都会让他们留任。这样一来，到 10 月萨拉丁未遭到多少抵抗就收复了幼发拉底河以

---

① 哈兰：位于今土耳其东南部，公元前 6 世纪属波斯阿契美尼德王朝，公元前 331 年被亚历山大大帝征服，2 世纪末被纳入罗马帝国版图，639 年成为阿拉伯帝国领土。

东的土地，这些地方曾为努尔丁所统治，但在1174年他死后便被摩苏尔吞并。

但是这场胜利并没有使萨拉丁心满意足。相反，他在占领努赛宾（Nisībīn）① 之后听从了哈兰总督的建议，决定直接进攻摩苏尔。在巴格达的哈里发面前，萨拉丁对摩苏尔统治者大肆抨击，指责他出钱唆使在南叙利亚大肆劫掠之后（重新）夺取了哈比斯 - 扎尔达克（Habīs Djaldak）要塞的法兰克人攻击自己，又说他镇压臣民，而且——就像摩苏尔文献中所记载的那样——向波斯的塞尔柱帝国苏丹请求援助，后者乃是哈里发公开的敌人。与此同时，摩苏尔的伊扎丁也在试图争取哈里发的支持，并向后者揭露萨拉丁篡夺赞吉王朝大权的罪状。于是，纳西尔只好在这两位敌手之间展开斡旋。

令萨拉丁和他的谋臣出乎意料的是，伊扎丁并没有逃离摩苏尔，而是进行了顽强的抵抗。

① 努赛宾：位于今土耳其东南部，靠近叙利亚边境，长期是罗马帝国和安息帝国争夺之地，363年起属波斯萨珊王朝，639/640年被阿拉伯人征服。

此外，阿勒颇也开始主动出击，这令萨拉丁腹背受敌。在徒劳地围困了摩苏尔长达四周之后，萨拉丁在哈里发使者的陪同下转而向西，朝辛贾尔进军。他成功地突破了辛贾尔的外部防御工事，但无法深入城区。随着 12 月底斋月的来临，萨拉丁的进攻似乎开始显得力不从心。或许是因此而麻痹大意，又或许是因为有人叛变，守城的军队竟然没有抵挡住萨拉丁的突袭。1183 年 1 月，在获准自由撤出之后，他们向萨拉丁投降，其间并没有大规模的流血，如果真是那样的话，那么就有违萨拉丁的本意了。这样一来，萨拉丁就获得了一个重要据点，可以从此处继续进攻摩苏尔。他赶紧再次向巴格达的哈里发说明，自己的所作所为符合那份授权文件，是有理有据的。此外，他再次指责摩苏尔与法兰克人结成（所谓的）同盟，并指出他讨伐法兰克人还需要摩苏尔的军队。

在占领辛贾尔后，萨拉丁决定到春季再开始进军。他率军途经努赛宾返回哈兰，并在 2 月底解散了军队。努赛宾的居民对萨拉丁任命的总督多有怨言，于是萨拉丁便撤换了总督，以防止对他政府的不满日益蔓延。1183 年 4 月，萨拉丁再次出兵征讨。在此期间，摩苏尔、阿勒颇、马尔丁、吉拉特（Khilāt）① 和比特利斯（Bitlīs）② 集结了一支军队，但在萨拉丁面前，这支军队最后退缩溃散。由于先前哈里发虽然没有授权他统御摩苏尔，但把阿米德（Āmid）③ 分给了他，于是萨拉丁就向底格里斯河畔这座被认为几乎无法攻克的要塞发动了进攻，并在整整两周的围城后攻占了它。当萨拉丁的军队准备对要塞发动冲锋之时，不受民众待见的指挥官宣布投降，因为他害怕有人背叛他。萨拉丁让这位指挥官带上他的私人财物离开，并把阿米德以及要塞内的所有物资和武器交给了阿尔图格家族统领磐石堡的努尔丁，后者免除了当地所有违背法律的税收。这次巨大的军事胜利

---

① 吉拉特：位于今土耳其东部，今称阿赫拉特（Ahlat）。

② 比特利斯：位于今土耳其东部。

③ 阿米德：位于今土耳其东南部，现名迪亚巴克尔（Diyarbakır）。历属波斯阿契美尼德王朝、塞琉古帝国、安息帝国和罗马帝国。到罗马帝国晚期，阿米德成为对抗波斯萨珊王朝的前哨。

促使马尔丁和麦亚法林金（Maiyāfāriqīn）[①]的阿尔图格家族的埃米尔背弃赞吉王朝，转而效忠萨拉丁。

在接下来的一段时间里，萨拉丁并没有忘记攻占摩苏尔。在书信中，萨拉丁指责哈里发没有赋予他统治摩苏尔的权力，否则摩苏尔便早就在他手里了。此外，他还声称，摩苏尔的财富将会帮助他攻占耶路撒冷、君士坦丁堡、格鲁吉亚和马格里布。但与此同时，他却率军再度前往阿勒颇。

在向阿勒颇进军的路上，萨拉丁不费一兵一卒便进占了幼发拉底河西岸的塔尔－哈里德（Tall Khālid）城，不久又得到了更北边的安泰普（'Aintāb）[②]。萨拉丁自北而来，于1183年5月21日兵临阿勒颇城下。但和以往一样，阿勒颇的居民拒绝为他打开城门。于是双方开战，努尔丁曾经的禁卫军毫无惧色，为捍卫赞吉王朝的基业拼死力战。然而，阿勒颇城的总

---

① 麦亚法林金：位于今土耳其东南部，现名锡尔万（Silvan）。

② 安泰普：位于今土耳其南部，邻近叙利亚边境，现名加济安泰普（Gaziantep）。

督、摩苏尔的伊扎丁的弟弟伊马达丁·赞吉（'Imādaddīn Zankī）更倾向于以和平的方式与萨拉丁联合。虽然萨拉丁刚开始有些犹豫，但还是在 6 月 11 日和伊马达丁·赞吉达成了一笔交易。伊马达丁·赞吉承诺派兵援助萨拉丁攻打法兰克人，作为对让出阿勒颇的报偿，他将获得辛贾尔、哈布尔河（Khābūr）、努赛宾、拉卡（Raqqa）①和萨鲁贾（Sarūdj），其中辛贾尔早先就一度归属于他。令当地民众大为惊讶的是，第二天阿勒颇要塞的城头便飘扬起了萨拉丁的黄旗。尽管萨拉丁一直财力拮据，他还是允许伊马达丁·赞吉带走所有他可以带走的城中物资和武器装备。至于剩下没带走的，萨拉丁还出钱买下了一部分。6 月 21 日，辛贾尔及上文所提到的其他城市都被交到了伊马达丁·赞吉的全权代表手中，一天之后萨拉丁入主阿勒颇。于是，除了十字军国家之外，叙利亚全境都在萨拉丁的掌控之中。正如往常一样，萨

---

① 拉卡：位于今叙利亚中北部。古典时代长期属于安息帝国。198 年后为罗马帝国领土。639 年，阿拉伯人攻占该地。

拉丁废除了阿勒颇一切有违法律的税收。对于努尔丁禁卫军的旧部，萨拉丁礼遇有加，令他们心悦诚服、乐于归顺。努尔丁的禁卫军战力可观，萨拉丁不愿放弃这些昔日的战友。

在占领阿勒颇之后的数月间，两河流域又有一些埃米尔归附萨拉丁。这样一来，摩苏尔的伊扎丁不仅失去了幼发拉底河畔的哈迪塞（Hadītha）①，还丧失了底格里斯河畔分别位于摩苏尔南、北的提克里特和贾兹拉特-伊本-奥马尔（Djazīrat ibn 'Umar）以及东边位于大、小扎布河（Zāb）②之间的伊尔贝拉（Irbil）③。虽然没有一一列举这些地名，但早在1183年7月或是8月哈里发可能就已经把所有这些地区和城市划给了萨拉丁。这些地区本不听命于哈里

---

① 哈迪塞：位于今伊拉克西北部。

② 大、小扎布河：底格里斯河北侧支流，其中大扎布河在西，小扎布河在东。750年，阿拔斯王朝和倭马亚王朝在扎布河流域展开大规模会战，阿拔斯王朝获胜，阿拉伯帝国由此改朝换代。

③ 伊尔贝拉：今伊拉克北部城市，现名阿尔贝拉（Erbil）。公元前331年，亚历山大大帝在高加米拉战役中大败波斯国王大流士三世，这一战役的古战场就在伊尔贝拉附近。高踞于城市之上的阿尔贝拉要塞为世界文化遗产。

发，把它们划归萨拉丁的势力范围也是理所应当。萨拉丁将哈里发的旨意为己所用，于 1184 年 2 月底决定支持这些城市的埃米尔反对伊扎丁。后者在 1184 年春季徒劳地试图借助波斯军队从阿札拜占（Adharbaidjān）夺回伊尔贝拉。波斯军队沿途大肆劫掠，其残暴在穆斯林中颇不寻常。

萨拉丁先后在 1183 年和 1184 年两次对卡拉克要塞发起进攻。这个要塞位于死海以东，是法兰克人重要的战略前哨。但萨拉丁两次都无功而返。于是，在的黎波里伯爵雷蒙德三世的提议下，萨拉丁在 1185 年春季决定与耶路撒冷王国停战。这样一来，他重新进攻摩苏尔就没有了后顾之忧。1185 年 5 月，萨拉丁率军渡过了幼发拉底河。当时基利杰·阿尔斯兰二世威胁要号召遭受萨拉丁军事行动波及的各方势力组成联军与之对抗。但萨拉丁不予理睬，马上开始了对摩苏尔的围困。为了加强对被围军队的心理攻势，他还宣称将把摩苏尔的军事采邑分配给他自己的埃米尔。夏天的酷热让萨拉丁的军队吃尽了苦头。当时有人讨论是否可以让底格里斯河改道，从而断绝摩苏尔的水源供应。但在能够落实这一计划之前，萨拉丁却选择了撤离，因为他要前往更远的北方，去干预那里数座城市的继承者冲突。除了吉拉特无法被萨拉丁掌控之外，在其他城市他都获得了成功。

1185 年 11 月，萨拉丁再次回到摩苏尔附近，但并没有开始真正的围城。12 月初，萨拉丁发烧，得了重病，但对于此事，他试图尽可能地秘而不宣。因此，当他于 12 月 25 日率军开拔准备借道努赛宾前往哈兰之时，他拒绝乘轿。萨拉丁与死神缠斗了数个星期，直到 1 月底才痊愈。在这之后不久，也就是 1186 年 3 月 4 日，他与伊扎丁和解。其实在萨拉丁患病之前，伊扎丁就已经准备与萨拉丁妥协。伊扎丁放弃了哈迪塞、贾兹拉特 - 伊本 - 奥马尔、提克里特以及伊尔贝拉这几座已经叛变的城市，把它们让给了萨拉丁。另外，他还承认了萨拉丁拥有对摩苏尔的最高统治权，并承诺出兵帮助萨拉丁攻伐耶路撒冷和巴勒斯坦。这样一来，萨拉丁就取得了和他前任努尔丁一样广大的势力范围。但两者的不同之处在于，萨拉丁得以将埃及完全掌控在自己手中。这一点十分重要，因为正是萨拉丁严苛盘剥下的埃及经济为其实现军事目标提供了巨大助力。

第五章　萨拉丁对法兰克人的胜利

1　宣传攻势与战事缘起

萨拉丁和摩苏尔的伊扎丁缔约，意味着如果萨拉丁想要信守诺言，那么他就很难再继续推迟自己宣传的对耶路撒冷王国的大举征讨而去进攻其余的穆斯林邻邦。压力还来自他自己阵营内部。由于萨拉丁奉行进攻摩苏尔的扩张政策，这位苏丹和他最为重要的谋臣卡迪·法迪勒之间出现了意见分歧。起先，卡迪·法迪勒期待萨拉丁速胜，但鉴于萨拉丁的历次战争都与埃及的财政负担密不可分，他后来主张与摩苏尔达成和平协定，以便最终能够进攻十字军国家。

萨拉丁花了很长时间才从重病中完全康复。尽管如此，他在1186年3月底仍然能够从哈兰前往阿勒颇，并在5月23日重新回到大马士革。不久以后，卡迪·法迪勒便敦请他在真主面前宣誓，一旦自己身体痊愈，将全心致力于对十字军国家作战。显然，卡迪·法迪勒认为这场大病是真主对萨拉丁的示警。而萨拉丁自己似乎也是这么看的。至少他意识到自己极有可能撒手人寰，却壮志未酬。在之后的几年中，萨拉丁多次提到生命是如此短暂，而自己又有如此之多的未竟之业。萨拉丁之所以在性情上有如此转变，也许不只是因为自己身患重病，而且还因为他的妻子伊斯玛塔丁·哈通与世长辞。当时人们考虑到萨拉丁严峻的身体状况，直到3月才告诉他这个噩耗，而在数周之前萨拉丁每天都会给自己的妻子写一封亲笔长信。看上去颇有意思的是，在大病痊愈之后，萨拉丁便开始考虑自己的继承人问题，因为他不再把最为重要的职务全部交给自己的弟弟阿迪勒和侄子塔吉亚丁，而是让自己正在成长的儿子们也参与到权力中来。

虽然萨拉丁对摩苏尔取得了胜利，但他在大举征讨法兰克人这一问题上似乎仍然举棋不定。萨拉丁在 1185 年与耶路撒冷王国签订了停战协议，该协议或许在订约时就签了四年，又或许是在一年有效期满之后又延长了三年。除此之外，不容低估的是，十字军国家的军队善于防御作战。他们会坚守众多的要塞，静待援军到来。只要有援军前来，那么这些要塞几乎就无法攻克。而前来救援的军队不会与围城的军队决一死战，他们只会监视后者，以便扰乱其对要塞城墙发动猛攻。然后他们会让围城的军队陷入补给困难，最后将其赶出国境。只要守城者不犯错误，那么唯一可以破解这一防御难题的方法便是由两支军队同时在不同地点发起进攻。然而，从长远来看，法兰克人所面临的问题是：要是来犯之敌和萨拉丁一样每隔数年便卷土重来，那么他们能够坚持多长时间严守不出、避而不战，而任凭自己的土地被敌人践踏蹂躏？

然而，随着 1186 年沙蒂永的雷纳德打破双方的停战状态，萨拉丁不得不发兵讨伐，而这次军事行动最后不过是变成了一场彻头彻尾的劫掠。后来雷纳德又袭击了一支穆斯林商队，后者从开罗出发，前往大马士革，在途中他们不得不从雷纳德的要塞附近经过。在这场袭击之后，萨拉丁起先要求耶路撒冷的新国王吕西尼昂的居伊（Guido von Lusignan）做出补偿，以重修旧好。耶路撒冷国王虽然向雷纳德提出了抗议，但最后无果而终。于是萨拉丁只好诉诸武力。

沙蒂永的雷纳德贪财好利，和他的不知廉耻一样，这一点很早就为人所知。早在多年以前，雷纳德在萨拉丁的"圣战"宣传中就已经是伊斯兰教的死敌，因为他在阿拉伯半岛和死海一带采取了多次军事行动。大约是在1181年和1182年之交的冬天，雷纳德率军南下，一直突进到位于朝圣之路东边的塔依马（Taimā'）绿洲。作为反击，萨拉丁的侄子法鲁克沙领兵从大马士革出发，朝约旦河东岸雷纳德的封地进军。于是，雷纳德不得不选择撤退。

在穆斯林看来，雷纳德的军事行动可以说是对麦地那的进攻，或者说是对麦地那进攻的序幕。在一封写给巴格达哈里发的信中，萨拉丁在指责赞吉王朝敌人的同时，也向哈里发报告了这一事件，并标榜自己是穆罕默德陵墓的捍卫者。他将塔依马绿洲称为麦地那的门户，虽然两地实际上相距300多公里。也许历史学家伊本·艾西尔也是单凭这份信件就断言雷纳德打算进攻麦地那。1174~1175年，萨拉丁就在一封写给哈里发的信中以麦加和麦地那的庇护者自居，并试图把1170~1171年冬天攻占法兰克人艾拉要塞的胜利描述成捍卫伊斯兰教圣城的成功，因为据萨拉丁所说，只要艾拉要塞在法兰克人手中，那么先知穆罕默德的陵墓就会受到威胁。但萨拉丁作为"双城圣所之仆"的头衔最早见于1191~1192年耶路撒冷的一处铭文，而当时他正率军抗击第三次东征的十字军。

大约在1182年末或1183年初，沙蒂永的雷纳德——如同萨拉丁在1170年和1171年之交的冬天攻占艾拉要塞时所做的那样——命人将多艘船拆解并经由陆路运往红海。在重新组装起来之后，这些船只驶往上埃及的港口阿伊达卜（'Aidhāb）①，袭扰阿伊达卜和吉达（Djidda）②乃至埃及和阿拉伯之间的海路，而这条航路对于从北非前往麦加的朝圣者和往来印度的贸易而言十分重要。雷纳德的军队抢劫了差不多20艘船，其中一艘船上还有朝圣者，此外他们还袭击了一支从尼罗河谷地前往阿伊达卜的骆驼商队，让陆地上也人心惶惶。之后，他们便把目标转移到对面的阿拉伯海沿岸。首先，他们进攻了拉比格（Rābigh），之后又攻袭了远在更北方的港口豪拉（al-Haurā'）。萨拉丁在仓促之间组织起来的一支舰队却成功地发现了雷纳德的船只。在随之而来的战斗中，法兰克人落败，于是他们试图逃往内陆腹地。在一连追击了五天之后，最后一批逃窜部队也被追上，他们要么遭到屠杀，要么被俘入狱。在

① 阿伊达卜：中世纪红海西岸城市。随着十字军占领西
奈半岛，前往麦加的陆路不再安全，非洲的朝圣者便经由阿伊达卜横渡红海前往麦加朝拜，于是阿伊达卜自11世纪后半叶起一度兴盛。

② 吉达：沙特阿拉伯重要的港口城市，位于红海东岸。647年，第三代哈里发奥斯曼选定吉达作为圣城麦加的海港，众多用来营建圣城的建材便是经由吉达运往半岛内地的。

幸存的170名法兰克人中，有两人在麦加附近米纳城（al-Minā）的献祭广场被处决，剩下的则被运往亚历山大港，也有人可能被带到了巴格达，在那里被公开处决，有可能是被钉死在十字架上。萨拉丁有令在先，必须杀死所有人，以防有人将新近获得的有关红海一带航行的信息告诉他人。沙蒂永的雷纳德大概没有亲自参与此次军事行动，自然也并未落入萨拉丁手中。鉴于法兰克人的这次劫掠行为，萨拉丁下令禁止所有非穆斯林参与红海贸易和有利可图的对印商贸。

沙蒂永的雷纳德大概主要是想借在塔依马绿洲和红海的军事行动显示自己的势力所能抵达的范围，进而迫使部分已取道荒漠的穆斯林商队和朝圣者回到原先的商道上，而正是在这些路线上，法兰克人要向途经的旅人征收过境税。雷纳德的船只可能是在返程途中被萨拉丁的舰队剿灭的。船只的行驶路线清楚地显示，它的目标不是麦加，攻袭麦地那也不太可能。同时代的阿拉伯语文献宣称，法兰克人打算攻占麦加和麦地那，还试图把穆罕默德的遗骨从陵墓中掘出。但这种说法是不可信的。稍晚一些的史料甚至还记载，法兰克人想把穆罕默德的遗骨运到他们自己控制的区域，以便从穆斯林对先知陵墓的朝圣中得利。尽管这种说法的可信度不高，但似乎也反映了法兰克人对穆斯林朝圣者的态度。其实侵袭时常前往麦加朝圣的驼队的是阿拉伯贝都因人而非法兰克人。就连为穆斯林所惧的沙蒂永的雷纳德也无意于攻袭朝圣者。对他而言，攻击穆斯林商队就已经足够，因为与朝圣的驼队相比，他们并没有那么多武装。

作为对沙蒂永的雷纳德在红海的军事行动的回应，萨拉丁在 1183 年两度进攻耶路撒冷王国。在 10 月初法兰克人避而不战之后，萨拉丁于当月中旬返回大马士革。而这便给人造成阿尤布王朝的军队已经回营过冬、今年再无战事的假象。但实际上萨拉丁在 1183 年 11 月底便发动了对卡拉克要塞的攻势，而沙蒂永的雷纳德正是依靠这座要塞掌控了当时连接阿尤布王朝埃及和叙利亚这两处领土的唯一捷径。但沙蒂永的雷纳德处变不惊。穆斯林军队只攻占了城市，却无法夺取要塞。此外，随着 12 月 8 日斋月的来临，萨拉丁只得下令撤退。1184 年 8 月，萨拉丁集结了以备长期围城的所有物资，再次对卡拉克要塞发动进攻，但由于基督徒的援兵来到，他只能再度无功而返。

2　哈丁战役的胜利

双方的决战终于在 1187 年夏天到来。萨拉丁巧妙地选择了坐落于加利利海湖畔的提比里亚发动进攻，并以猛烈的攻势让城内的守军很快陷入绝望。这样一来，萨拉丁便成功迫使正赶来增援的法兰克军队与其交战，而这时正赶上法兰克人内斗不止，战力折损。在烈日的暴晒下，基督教军队水源短缺，他们徒劳地试图抵达湖岸。战役持续了两天（7 月 3~4 日），两军旗鼓相当。萨拉丁的军队成功地分离了法兰克军队的步兵和骑兵，于是法兰克人在哈丁（Hattīn）① 的双峰山下全军覆灭。萨拉丁取得的

---

① 哈丁：位于今巴勒斯坦东北部、提比里亚以西 8 公里处，因哈丁战役的胜利成为阿拉伯民族主义的象征之地。

这场胜利及其带来的影响可谓空前绝后。除了绝大多数基督徒士兵外，连耶路撒冷国王吕西尼昂的居伊、沙蒂永的雷纳德以及圣殿骑士团团长雷德福的杰拉德（Gerard von Ridefort）都沦为了阶下囚。此外，穆斯林还缴获了基督徒随军携带的真十字架①，而这件圣物将在数年以后萨拉丁与狮心王理查的谈判中成为重要的筹码。战争结束之后，萨拉丁下令让被俘者游街示众，并质问沙蒂永的雷纳德为何公然撕毁停战协议。因为萨拉丁曾立誓要杀死沙蒂永的雷纳德，于是他便将其手刃。两天以后，萨拉丁在军中志愿兵的欢呼声中下令处死所有被俘的圣殿骑士团和马耳他骑士团成员，共计200人，仅有圣殿骑士团团长得以幸免。

法兰克人曾为增强军队实力发起了军事总动员，由此还将可以调用的最后一支后备力量也投入战争，所以他们在惨败之后没有足够的武装部队来守卫他们自己的城市和要塞。于是，

①　真十字架：指耶稣受难被钉死的十字架，据称发现于325年，当时十字架被分成几个部分，运至不同的地方保存。中世纪时有大量源自真十字架的圣物，如今遍布欧洲的圣十字教堂也源出于此。

萨拉丁在短短数月之内便征服了耶路撒冷王国的大部分地区。此外，萨拉丁明白需要分兵进攻，并向基督徒城市和要塞中的居民保证他们在投降之后可以自由离开，因为这样可以加快征服的速度。萨拉丁的所作所为当然不是出于纯粹的慷慨仁慈，他这么做其实是想快刀斩乱麻，让敌人在战败之后无暇恢复理智。当然，还有一些城市和要塞是在历经猛攻之后才被占领的，而这些地方的守军也不得不沦为奴隶，比如拿撒勒（Nazareth）①、凯撒里亚、海法和阿苏夫（Arsūf）②。

早在 1187 年 7 月 5 日，萨拉丁就接手了提比里亚要塞。萨拉丁许诺该城居民可以自由离开，但当城区陷落之后，要塞依然坚持抵抗。与此同时，萨拉丁的一位埃米尔在强攻中占领了拿撒勒，并给了法兰克居民一个教训，让他们感受到把哈丁战役的胜利者拒之门外意味着

---

① 拿撒勒：今以色列北部城市，耶稣的故乡。

② 阿苏夫：位于今以色列中部地中海沿岸的古代城市。1101 年，耶路撒冷国王鲍德温一世占领此地并重建了城墙。1265 年，马穆鲁克王朝苏丹拜巴尔一世攻占阿苏夫，平毁城墙，此城从此衰落。

什么。到 7 月 10 日，也就是周五，萨拉丁的军队得以进驻本是耶路撒冷王国中心的港城阿卡。萨拉丁承诺将保护民众的生命和财产安全，并允许他们要么离开，要么留下来臣服于他，并依照惯例上缴"吉兹亚"[①]。但当地居民却并不相信萨拉丁的承诺，大多数人上船逃难去了。于是，阿尤布王朝的军队缴获了丰厚的战利品，其中很多显然被挥霍一空，而这些正是后来萨拉丁陷入财政困局时所急需的。城内的大教堂很快就被改成清真寺，在那里也将举行每周五的布道仪式。

尽管萨拉丁在哈里发面前强调了自己将立即进攻耶路撒冷的意愿，但这座圣城在战略和经济上都并无太大意义。对他来说更重要的是，此时其实是利用攻占阿卡夺取出海口的机会，由此可以杜绝基督徒从欧洲经海路前来增援的

---

① 吉兹亚：古时伊斯兰国家对境内的非穆斯林民众征收的赋税。这一纳税规定基于《古兰经》第九章第 29 行的如下经文："你们要与那些不信真主和末日，不遵真主及其使者的戒律，不奉真教的人，即曾受天经的人战斗，直到他们依照自己的能力，规规矩矩地交纳丁税。"（译文引自《古兰经》，马坚译，中国社会科学出版社，2013。）

一切可能。只有在萨拉丁控制了各大沿海港口之后，所有援兵被断的内地才无法长久地支撑下去。于是，根据这一战略设想，萨拉丁开始从阿卡发号施令。他命令自己的侄子塔吉亚丁前去攻占阿卡以北的沿岸地区，但后者进军到托隆（Toron）①和泰尔城下便停止不前。与此同时，萨拉丁的弟弟阿迪勒也率领埃及军队从南方侵入耶路撒冷王国。他接到了萨拉丁的指令：只要还有易于攻占的地方，就不要恋战围城、错失良机。虽然阿迪勒成功地占领了雅法（Jaffa）②，却无法攻下加沙和亚实基伦。萨拉丁从阿卡派出一支军队前去接应阿迪勒，这支军队很快就占领了海法、凯撒里亚和阿苏夫，还俘获了不少人。

----

① 托隆：位于今黎巴嫩南部的一处十字军要塞，建于1105年，扼守从泰尔前往大马士革的要道。1219年，为抗击第五次十字军东征，被阿尤布王朝统辖叙利亚和巴勒斯坦的埃米尔穆扎姆（al-Mu'azzam）下令平毁。

② 雅法：今属以色列中部海港特拉维夫－雅法。古典时代长期为腓尼基人控制，当年建造第一圣殿和第二圣殿所需的大量木材便是从雅法运往耶路撒冷的。罗马帝国时期属犹地亚省。636年，第二任哈里发欧麦尔攻占雅法。1099年，雅法在第一次十字军东征中被布永的戈弗雷（Gottfried von Bouillon）占领。

此外，萨拉丁还令埃及舰队驶入阿卡。接着他便向舰队下达了命令，大概是要求其在地中海东部的岛屿上即剿灭所有可能来自欧洲的援军。因为中世纪时，海上的船只只能沿着海岸和岛屿摸索向前，而很少敢横穿广袤的海洋，这样一来，所有法兰克人的海港也同时遭到封锁。另外，萨拉丁的两支陆军也在内陆展开了军事行动。在哈丁战役结束之后，其中一支军队沿着约旦河向南，一直挺进到杰里科（Jericho）①；另一支则与之一路并行，沿着海岸和约旦之间的中线向纳布卢斯方向不断行进。在一路攻占了包括撒玛利亚（Samaria）②、纳布卢斯、贝特谢安和杰里科在内的数座城市和要塞之后，两军最终都进入耶路撒冷一带。

萨拉丁则率军在 7 月 16 日从阿卡开拔，前

---

① 杰里科：位于今巴勒斯坦中部约旦河西岸，因其位于约旦河谷成为全世界海拔最低的城市。

② 撒玛利亚：始建于公元前 875 年前后，直至亚述帝国于公元前 722 年攻灭以色列王国，此地一直是以色列王国的首都。在亚述帝国、巴比伦王国和波斯帝国时期，撒玛利亚为撒玛利亚省的行政中心。公元前 107 年，哈斯蒙尼王朝再度毁灭撒玛利亚，后来由大希律王重建。罗马帝国时期日益衰落，到拜占庭帝国时被彻底毁弃。

去支援他的侄子塔吉亚丁。胜利依然眷顾萨拉丁，十天之后，防卫森严的托隆要塞陷落。萨拉丁转而向海岸进军，轻而易举地攻占了萨拉凡①（萨雷普塔），就如同在赛达一样，后者在7月29日投降。一天之后，萨拉丁就兵临贝鲁特城下。在历经一周的苦战之后，贝鲁特终于向萨拉丁敞开了城门。与此同时，远在更北方的朱拜勒也落入萨拉丁之手。但与贝鲁特不同的是，朱拜勒不战而降，因为在哈丁战役中被俘的比布鲁斯的雨果（Hugo von Gibelet）提出愿意以该城换取自己的自由。接着萨拉丁回师经过泰尔，向亚实基伦进军。亚实基伦的战略意义尤为重要，因为很早以前，不论控制该城的是穆斯林还是基督徒，掌控该城的势力都可以轻而易举地对自己的敌人发起进攻。埃及是否安全，在很大程度取决于何人控制了亚实基伦。

在与弟弟阿迪勒会师之后，萨拉丁便于8月23日兵临亚实基伦城下。大概是考虑到有

---

① 萨拉凡（Sarafand）：古代腓尼基城市，位于今黎巴嫩南部地中海沿岸。

比布鲁斯的雨果以城换人的先例，萨拉丁命人把吕西尼昂的居伊、圣殿骑士团团长杰拉德·德·雷德福以及其他人从大马士革的狱中带到了战场，他希望可以通过他们这些人的居中沟通促使亚实基伦以及周边的要塞和城市向他投降。尽管居伊尽力劝说亚实基伦的居民放弃抵抗，以归降换取自己获释，但直到萨拉丁的坑道工兵成功破坏了亚实基伦的城防工事，使军队可以开始攻城，居伊的游说才收到回报。于是，亚实基伦的守军最后还是不得不和萨拉丁进行谈判，而萨拉丁则依照惯例允许他们自由撤出，并于 9 月 5 日占领了这座城市。在亚实基伦投降之后，为了赎回雷德福，圣殿骑士团还交出了加沙、谢瓦利尔骑士团统辖的托隆（an-Natrūn）以及吉布林 ①。但是，原因不明的是，萨拉丁直到次年夏天才释放了雷德福，同时获释的还有居伊。

① 吉布林（Gibelin）：又称拜－吉布利尔（Bait Djibrīl），位于今以色列南部临近约旦河西岸地区，为古时从亚实基伦前往耶路撒冷的必经之地。

3　攻占耶路撒冷

耶路撒冷成为其他地方许多基督徒居民的逃亡庇护之所，但直到 9 月 20 日萨拉丁才开始围攻耶路撒冷，而在此之前双方显然已经进行过投降谈判。萨拉丁的第一波攻势并未获得成功，于是五天之后他转而在耶路撒冷城东北角附近安营扎寨，因为那里的地势更便于运送攻城器械。这样一来，就在 1099 年十字军骑士破城的地方，萨拉丁的军队成功地摧毁了一段城墙。尽管基督徒凑合着重新封上了豁口，但他们自己也知道，他们迟早都得投降。然而，有关投降的谈判却进展艰难。1099 年十字军曾在耶路撒冷大开杀戒，既然围城无可避免，萨拉丁便决定为当年的屠杀报仇雪恨，但守军却威胁他们不仅将杀死自己的妻儿，销毁所有值钱的财物，而且将摧毁伊斯兰教的圣迹和圣物，并处死囚禁在耶路撒冷的 5000 名穆斯林，之后他们将拼死力抗萨拉丁的军队，直到最后一人。萨拉丁这才不得不放弃自己的复仇计划。此外，与后来传说的不同的是，虽然阿拉伯语文献记载大多数耶路撒冷居民被允许支付萨拉丁要求的钱物以赎买自由，但并不是所有人都有这个能力。事实上，人们好不容易才凑齐的钱物只能使这些可怜人中的 18000 人免于沦为奴隶，而剩下的 15000~16000 人——其中有 7000 名男性和 8000 名妇女、儿童——被萨拉丁俘获。而且，萨拉丁也允许耶路撒冷的牧首在支付赎金之后带着所有教堂的珍宝离开，但其所缴纳的却是向普通人征收的赎金，这引起了一些穆斯林的不满。萨拉丁之所以这么做，是因为他不想让人指责他不信守诺言。另外，他还效法第二代哈里发欧麦尔，拒绝摧毁圣墓教堂，这主要是因为即便这样做也无法阻止基督徒来此朝圣。

10 月 2 日，圣城的钥匙被呈献给萨拉丁，而基督徒也开始赎买自由。尽管负责赎买的埃米尔收受贿赂、故意欺瞒，但还是有差不多 10 万第纳尔流入萨拉丁的金库之中。正如之前在阿卡那样，萨拉丁要是能够在这件事上稍微上心一点，便可以轻易获得一笔数目更大的钱财来缓解财政拮据。那些得以赎回自己的法兰克人在穆斯林的监视之下被带到仅距萨拉丁大营一箭之遥的营地。他们从那里出发，被护送到亚历山大港、的黎波里和安条克，有些人甚至到了更北方的亚美尼亚边境。

而东方教会①的基督徒则大多留在了耶路撒冷。除了支付赎金，他们接受了缴纳"吉兹亚"

---

① 东方教会：在431年以弗所公会议或451年迦克墩公会议后脱离罗马帝国基督教会形成的基督教诸派别。在以弗所公会议中，君士坦丁堡大牧首聂斯脱里（Nestorius，386~451）所主张的耶稣人神二性分处两个位格的基督人神二性二位说被斥为异端，因此信奉该学说的教派只承认基督教历史上的前两次公会议，即第一次尼西亚公会议和第一次君士坦丁堡公会议。因聂斯脱里为该教派学说的创立者，所以这一派别又称聂斯脱里派，以东方亚述教会为代表，后相继得到波斯萨珊王朝和阿拉伯帝国的支持与庇护，在西亚和中亚地区进一步传播，唐代传入中国后自称景教。在阿拉伯帝国倭马亚王朝和阿拔斯王朝时期，东方亚述教会学者将古希腊哲学著作译成叙利亚语和阿拉伯语，并在哲学、自然科学和神学领域颇有建树。在迦克墩公会议中遭到否定的则是由老底嘉主教瓦波里拿留（Apollinaris von Laodicea，约315~390）与欧迪奇（Eutyches，约378~454年）等人提出的基督一性论，该学说认为耶稣人神二性统一后只有独一的神性。信奉这一学说的基督教组织主要包括科普特正教会、叙利亚教会、亚美尼亚教会等，这些教会仅承认前三次公会议的决议，即第一次尼西亚公会议、第一次君士坦丁堡公会议和以弗所公会议。在迦克墩公会议之后，主张基督是人神二位不可分割的统一体的观点成为罗马帝国基督教的正统思想。1054年，基督教再度分裂为罗马天主教和东正教，史称"东西教会大分裂"。

的义务，并借此得以保全自己的财产。特别是默基特派教徒，很难想象他们会为耶路撒冷的权力更迭感到惋惜。他们被萨拉丁赋予了守护圣墓的职责，其中圣墓由四位教士负责看护，而这四人可免于缴纳人头税。然而，叙利亚的聂斯脱里教派和亚美尼亚教派的处境则要凄惨得多。

法兰克人迁出导致人口缩减，萨拉丁试图通过允许犹太人迁入来补偿至少一部分的人口损失。因此，对于部分犹太人而言，萨拉丁不仅是将他们部族从"巴比伦之囚"中解救出来、使他们得以重归耶路撒冷的"再世的居鲁士大帝"，而且是弥赛亚的开路之人。

除了圣墓教堂之外，萨拉丁下令把大多数基督教堂改造成清真寺，还特意命人将圆顶清真寺和阿克萨清真寺内所有可以唤起基督教统治历史的铭文、祭坛和画像清除。另外，在阿克萨清真寺内还立起了他的前任努尔丁特地为重夺耶路撒冷建造的敏拜尔（阿拉伯语：minbar）布道坛。除此之外，萨拉丁还进行了一系列的捐赠资助。他借此将圣亚纳教堂^①改造成一所沙斐仪学派的教法学校，又把牧首的宅邸变成了苏菲派的修道院。

攻占耶路撒冷的日子是伊斯兰历赖哲卜月（Radjab）第 27 天（10 月 2 日），恰逢周五。不可思议的是，这一天也正好是传说中穆罕默德从耶路撒冷的圣岩夜行登霄的日子。据说早在几年之前就有数人预言了重夺耶路撒冷的年份、月份乃至日期。萨拉丁很清楚应当让他的胜利更加光彩夺目，他下令让人们大张旗鼓地举行隆重的庆祝活动。到 10 月 9 日，庆祝达到高潮，当时在阿克萨清真寺举行了周五的布道仪式。就在这一刻，萨拉丁得以向世人昭示，所有怀疑他只是想借"吉哈德"之名吞并伊斯兰邻邦、扩张势力范围的说法都是无稽之谈。在赞吉王朝的后代看来，"吉哈德"这一特殊使命可以使他们的王朝统治合法化，但很长时间以来，萨拉丁的宣传攻势都剥夺了他们的

---

① 圣亚纳教堂（St.-Anna-Kirche）：位于耶路撒冷老城狮子门和毕士大池（Bethesda）附近。现存建筑为鲍德温一世的遗孀于 1142 年所建，因为当时的人们认为马利亚的父母约阿希姆和安妮的居所就在毕士大池附近。

这项权利：萨拉丁的文书官和立传者伊马达丁曾让人告诉苏丹，真主将收复耶路撒冷的重任留给了萨拉丁和哈里发纳西尔。萨拉丁命人尽其所能地将他的胜利在所有伊斯兰国家传扬。据说伊马达丁曾在一天之内就编辑了70份信件，而贺信也如雪花般从四面八方飞来。除此之外，穆斯林学者和朝圣者不论远近都纷至沓来，因为从此以后他们在朝拜麦加和麦地那之后还可以继续来耶路撒冷参拜。在一些穆斯林看来，萨拉丁就是末世降临的马赫迪，他将征服君士坦丁堡、罗马乃至整个世界，并在与异端分子和基督徒的斗争中将真信与公义传布四方。

但一些穆斯林统治者却似乎对萨拉丁的胜利充满猜疑和妒忌。巴格达阿拔斯王朝的哈里发毫不掩饰自己的真实态度，他对萨拉丁没有派高官要员向他禀告哈丁大捷颇为不满。纳西尔并没有赐给萨拉丁一个新的头衔，而是对他自就任法蒂玛王朝维齐尔以来享有的"赐胜之王"（al-malik an-nāsir）这一头衔甚为反感。哈里发想把"赐胜"这一修饰语留作他自己的专属头衔。萨拉丁曾提议，如果哈里发能给他另一个头衔作为交换，那么他将放弃这一称号。但尽管如此，萨拉丁与纳西尔之间的关系依然十分紧张，他也从未成功消除哈里发对他扩张大业的猜忌。1188 年 2 月，在朝觐圣城麦加的途中，带领叙利亚朝圣者的萨拉丁旧部伊本·穆卡达姆和伊拉克朝圣驼队的首领塔什提金（Taschtikīn）发生争吵，因为前者除了哈里发的旗帜之外还竖起了萨拉丁的黄旗。于是，在阿拉法特平原①上，一场正面冲突一触即发。尽管伊本·穆卡达姆试图竭尽所能地避免武力对抗，但双方之间依然发生了混战，而他也命丧其中。哈里发只是向萨拉丁表达了对塔什提金行事鲁莽的遗憾，但坚定不移地认为引导麦加朝圣者乃是他的特权，而他也打算继续享有这一权力。

在之后萨拉丁对抗第三次十字军东征的战事中，纳西尔如同其他穆斯林统治者只是袖手旁观。萨拉丁徒劳地劝诫纳西尔，基督教世界

---

① 阿拉法特平原（'Arafāt）：位于麦加东南方 20 公里处。每逢伊斯兰教历的 12 月（都尔黑哲月）9 日，朝觐者聚集于此，举行隆重的礼拜仪式。

的教宗对十字军东征的支持堪称典范。但忙于自己征服大业的哈里发却并未派遣一兵一卒，而只是在1190年提出给萨拉丁一笔贷款，但萨拉丁并未接受。当纳西尔转而向萨拉丁求助，希望他能协助围困提克里特时，他要么有意不顾及萨拉丁自身所处的困局，要么就对萨拉丁面临的危险表现了完全不理解的态度，因为纳西尔可能认为这是阿尤布王朝有意在宣传中夸大其词。

4 泰尔城下的反击

在攻占耶路撒冷四周以后，萨拉丁离开了圣城，转而对付几乎四面临水的港城泰尔。在此之前，萨拉丁早在7月就已经委托他久经战事的侄子塔吉亚丁负责围攻泰尔。双方起先曾就投降事宜进行谈判，但随着边疆伯爵蒙费拉的康拉德（Konrad von Montferrat）率舰队到来，穆斯林速胜的幻想破灭。在此之前，康拉德的舰队曾因疏忽错误地驶向阿卡，但幸运地躲开了这座城市的新主人。在萨拉丁相继征服贝鲁特、亚实基伦和耶路撒冷的同时，对泰尔的围困显然也在继续。11 月 12 日，萨拉丁到达泰尔，九天之后，他最喜爱的儿子查希尔（az-Zāhir）①从阿勒颇带来了一支重整一新的军队与萨拉丁会师。差不多与此同时，阿尤布王朝海军舰队的其中一部也顶着秋天海面已经刮起的狂风出现在泰尔港。于是围城的军队马上发起猛烈的进攻。虽然泰尔三重城墙中的第一重已有一部分被摧毁，但守军得以成功地将其修复。争夺泰尔的决定性时刻于 12 月 30 日来到，蒙费拉的康拉德在黎明时分出其不意地对尚在睡梦中的阿尤布王朝军队的五艘舰船发动了突袭，并乘胜追击剩余的船只。为了不让剩下的几艘舰船也落入康拉德手中，舰船的指挥官下令把它们尽数凿沉摧毁，仅有一艘例外。

在一次猛烈的进攻中，萨拉丁的军队突破了泰尔的第一道城防，而第二重城墙也岌岌可危，但这次进攻最后并未获得成功。在这之后，

---

① 查希尔（1171~1216）：萨拉丁第三子，早在 15 岁时就被萨拉丁任命为阿勒颇总督。萨拉丁去世后，查希尔成为阿勒颇的统治者。

萨拉丁于1188年1月1日解除了对泰尔的围困。大多数士兵已经因习惯于速胜变得骄纵，因此他们拒绝继续战斗。此外，萨拉丁认为自己也无力弥补各位埃米尔因离乡太久而承受的财政损失。尽管1187年的胜利让萨拉丁获利丰厚，但他在经济上的困难反而愈加严重，以至于他决定进行货币改革，放弃金本位，引入银本位。在这样的情况下，各支军队纷纷回乡，而萨拉丁则留在了新占领的领土上，但他并没有前往耶路撒冷，而是选择留在阿卡过冬。

除了泰尔港之外，萨拉丁在1188年初还需要攻占位于耶路撒冷王国腹地的几座防卫极为严密的要塞。其中一座便是位于加利利海南岸、约旦河之滨的圣约翰骑士团的贝尔沃要塞①（考卡布）。要塞的守军曾在一次深夜突围中歼灭了围城的阿尤布王朝军队。攻城之难，由此可见一斑。起先，萨拉丁把这个任务交给了他的几

---

① 贝尔沃（Belvoir）要塞："贝尔沃"在法语中意为"美丽的视野"。12世纪中叶，法兰西十字军始建要塞。1168年，要塞被卖给圣约翰骑士团，后者大兴土木，使贝尔沃要塞成为圣地一带防卫最为森严的堡垒之一。

位埃米尔，直到后来才决定亲自领兵围城，因为他认为攻伐北方的的黎波里伯国和安条克公国乃当务之急。

为了发兵讨伐，对形势的深入分析必不可少。大概是因为他的海军舰队实力较弱，萨拉丁面对的首要问题便是是否需要扩建阿卡的城防工事，或者干脆毁弃它，以杜绝法兰克人收复阿卡的后患。尽管萨拉丁预计法兰克人可能会反攻或者再次发动十字军东征，但他还是决定加强阿卡的城防。事实上，只有萨拉丁控制了像阿卡这样的港口作为舰队基地，他才有望攻克泰尔。也只有一并捣毁他所攻占的其他港口的城防工事，毁弃阿卡才有意义。

5 进攻安条克

1188 年，萨拉丁又征服了一大批城市。3月中旬，他不得不承认眼下兵力不足，无法对贝尔沃要塞发动强攻。于是，他便让其中一位埃米尔带领 500 名士兵继续围城，自己则返回了大马士革。在那里，他向各地传令召集军队，以发动计划中的征讨。

在得知法兰克人正在向朱拜勒挺进之后，萨拉丁在五天后再度开拔，并迫使敌人放弃了攻打朱拜勒的打算。接着他继续向北进军，在霍姆斯附近召集纷纷前来的各支军队。6月，在尝试对克拉克骑士堡发动进攻之后，萨拉丁确信攻克这座要塞也需要长时间的围城，而他并没有足够的时间。

在此期间，西西里诺曼人的一支舰队抵达的黎波里，守军受此鼓舞，冒险袭击了阿尤布王朝的一支巡逻部队并获成功。对于萨拉丁来说，这就意味着他计划的的黎波里攻城战不是在几天之内就可以取胜的。因此，他放弃了所有针对的黎波里的军事行动。而远在北方的贾巴拉（Djabala）港的教法执行官（Qādī）的许诺也大大减轻了萨拉丁做出这个决定时的顾虑。他向萨拉丁保证，只要他率军前来，他就会把贾巴拉和周边的要塞交给他。

萨拉丁的弟弟阿迪勒显然把军队驻扎在了托隆，以牵制泰尔的法兰克人，而大军主力则于7月15日抵达贾巴拉，而那里的教法执行官也命人升起了萨拉丁的黄旗。六天之后，萨拉丁兵临拉塔基亚（Latakia）^①城下。由于当地居民中的穆斯林同样愿意把城市移交给萨拉丁，那里的法兰克人便不再继续抵抗，以便自己能够带着除战争物资和食物之外的其他可转移的财物迁往安条克。就在这时，西西里舰队出现在港口。在迅速完成移交之后，诺曼人为了对当地居民实施报复，拦截了一艘载满迁出居民的出港船只。于是，许多基督徒就更情愿留在拉塔基亚，并向萨拉丁缴纳人头税。

7月24日，萨拉丁的军队继续向东北方向挺进，以攻占位于拉塔基亚和奥龙特斯河（Orontes）^②畔的吉斯尔舒古尔（Djisr asch-Schughr）^③之间的数座要塞，进而通过吉斯尔

① 拉塔基亚：位于叙利亚西部地中海沿岸。公元前300年前后，塞琉古帝国开国君主塞琉古一世（Seleukos I）始建此城，并以他母亲之名"劳迪丝"（Laodike）命名了这座城市，故该城在古典时代被称为老底嘉（Laodicea）。638年，阿拉伯人占领了拉塔基亚。969年，拜占庭帝国趁阿拔斯王朝内乱收复了这座城市。1084年，塞尔柱帝国苏丹马立克沙一世攻占拉塔基亚。13年后，这座城市又落入十字军之手并被纳入安条克公国。

② 奥龙特斯河：发源于黎巴嫩，向北流经叙利亚，最后在土耳其注入地中海。

③ 吉斯尔舒古尔：叙利亚西部城市，位于连接拉塔基亚和阿勒颇的要道之上。

舒古尔打通前往阿勒颇的交通线路。当时，沿着海岸直接向安条克推进在战略和后勤补给上都不可能。将未占领的法兰克人要塞留在自己大军的后方，这样做可能带来的后果是萨拉丁无法承受的，因为这些要塞会危及他的后勤补给线。此外，从哈马出发沿着奥龙特斯河谷为萨拉丁大军提供补给要容易很多。萨拉丁没花什么力气就接连攻克了索恩①（萨恩）、巴卡斯-舒古尔（Bakās-Schughr）和布尔扎伊（Burzaih）这三座防卫森严的要塞。

早在8月24日，萨拉丁就可以着手开展对安条克附近地区的进攻。前往哈马的道路畅通无阻，联系阿勒颇的交通线路也已打通，由此萨拉丁得以在军事行动中获得充分的行动自由。但萨拉丁并没有着急攻打安条克，他打算先占领由巴哥拉斯要塞（Baghrās）控制的巴伊兰关口（Bailān-Paß）和由达尔巴萨克

① 索恩城堡（Saône）：又称"萨拉丁城堡"，位于叙利亚西部，扼守连接拉塔基亚和阿勒颇的交通要道。城堡在拜占庭帝国时期经历了大规模扩建，防卫森严。1108年，城堡被十字军攻占。2006年，索恩城堡和克拉克骑士堡一起被列入《世界文化遗产名录》。

（Darbasāk）城堡守卫的纳尔－阿斯瓦得谷地（Tal des Nahr al-Aswad），这样一来他就可以确保自己目前在向北进军中攻占的诸城免受欧洲十字军可能的入侵。与此同时，安条克也将因此陷入孤立无援的境地，那么其最终投降就只是时间问题。在围城 14 天之后，阿尤布王朝的军队在 9 月 16 日进入达尔巴萨克城堡，因为城内守军宣布投降，而萨拉丁也允许他们自由撤往安条克，但圣殿骑士必须把他们所有的财物都留给穆斯林，能够带上的只有身上所穿的衣物。次日，萨拉丁兵临由圣殿骑士团守卫的巴哥拉斯要塞。他的攻城器械无法击毁建在高处的城墙，由于远征旷日持久，萨拉丁的阵营中再次出现不满情绪。但圣殿骑士团似乎对此并不知情，没有抓住萨拉丁军中哗变一触即发的良机为己所用，而是和达尔巴萨克城堡的守军一样接受了同样的要求，出城投降。于是，巴哥拉斯要塞在 9 月 26 日被萨拉丁的军队占领。

在此期间，安条克公爵博希蒙德三世（Bohemond III）派出使团求见萨拉丁，希望能够跟他达成停战协议。作为条件，博希蒙德三世允诺释放穆斯林俘虏。由于诸位埃米尔强烈要求带领各自的部队回乡，萨拉丁接受了为期八个月的停战。只要在这段时间内欧洲援军不来，那么在八个月后安条克就应移交给他。

于是，萨拉丁遣散了大多数部队，允许他们返回家乡。但与此同时，尽管斋月已经到来，但萨拉丁和他的核心部队并没有休息片刻，就经由阿勒颇和哈马行军至大马士革，以便最终转而攻击位于加利利海北岸圣殿骑士团的采菲特 ① （采法特）要塞。在此之前的围城行动已经使守军的物资储备大为缩减，以至于圣殿骑士团在 11 月 30 日把要塞移交给了萨拉丁，而他们自己则撤往泰尔。不久萨拉丁兵抵加利利海南岸的贝尔沃要塞，以迫使其最终投降。由于圣约翰骑士团对于移交要塞的要求全然不屑于回应，阿尤布王朝的军队不得不在 1188 年底再度展开苦战，以迫使圣约翰骑士团相信继续抵抗是毫无意义的。然而，萨拉丁军队的进攻在瓢泼大雨和咆哮的狂风中举步维艰。此外，早

_____

① 采菲特（Saphet）：位于今以色列北部。1102 年，十字军在第一次东征结束后在此建造了要塞。

在到达巴哥拉斯要塞前，围城部队就已经陷入缺少饮用水的境地，但最后围城部队的坑道工兵终于摧毁了一座堡垒。于是，在得到可以自由撤往泰尔的保证之后，圣约翰骑士团于1189年1月5日撤出了城堡。在此之前，也就是1188年10月或11月，移交卡拉克要塞的谈判也已尘埃落定。只要穆斯林释放托隆的汉弗莱四世（Humfred IV von Toron）并允许全体守军自由撤出，那么他们就可以占领要塞。之后直到1189年5月，死海以南的蒙特利尔和其他数座城堡也悉数落入萨拉丁手中。

第六章　第三次十字军东征

1　欧洲的备战

欧洲人对萨拉丁频频告捷的反应可谓前所未有。在得知哈丁战役惨败之后，病中的教宗乌尔班三世深受打击，病情恶化，最后去世。在耶路撒冷陷落的消息传到欧洲之前，刚选出的新教宗格里高利八世（Gregor VIII）于 1187年 10 月 29 日号召再次进行十字军东征。萨拉丁对此是有所准备的，但第三次十字军东征堪称东征中规模最大的一次，其声势之浩大，似乎还是让他大为吃惊。西方基督教世界的几乎所有大国都参加了这次远征。除了由德意志、英格兰和法兰西君主分别统领的三支大军外，其他颇有权势的诸侯也领兵前往圣地，这其中就包括比萨的总主教、图林根方伯和佛兰德伯爵。

早在 1188 年，与其他大多数基督教君主相比，拥有一支强大海军的西西里国王威廉二世（Wilhelm II）就派遣了一支由 200 名骑兵组成的小规模武装部队前去支援十字军国家，后来又在夏季增派了 300 人。此外，威廉二世似乎还和他的岳父英格兰国王亨利二世及他的妻舅狮心王理查一起为攻伐埃及做准备，但由于他在 1189 年 11 月 18 日英年早逝，这一计划无奈受阻。于是，在之后的十字军东征中，西西里王国的诺曼人便显得无足轻重。除此之外，威廉二世的去世也让欧洲各国的均势局面摇摇欲坠，参与十字军东征的各国诸侯都把更多的注意力放到了随之而来的意大利南部和西西里岛的王位争夺而不是东方圣地的战事上，这对萨拉丁而言显然颇为有利。

英格兰国王和法兰西国王在之前就已经多次表明自己要发动十字军东征的意愿。但是他们也担心，一旦其中一方离开国家远征，另一方就会趁机发动进攻。于是，不论是法兰西王国路易七世还是他最为强大的封臣[①]、英格兰国王亨利二世，都不愿意真正发兵前往东方。早在1185年，十字军国家的一支使团就无功而返，因为不论是路易七世的继任者腓力二世还是亨利二世，都拒绝接受呈献给他们的耶路撒冷的钥匙。但1187年骇人听闻的消息似乎改变了他们的立场。1188年1月21日，腓力二世和亨利二世都佩戴了十字架。于是，英格兰和法兰西开始发布通告征收十字军东征税，也就是所谓的"萨拉丁什一税"。所有不参加东征的人，不论是教会人士还是普通教徒，都必须上缴当年收入的十分之一。亨利二世对理财一窍不通，他的征税举措也颇为粗暴。尽管征税引起了抗议风潮，但征得的税收依然数额巨大。在法兰西，征税遭遇的反抗是如此强烈，以至腓力二世在一年后因相关征税规定实属"横征暴敛"

---

① 控制法兰西大片领土的安茹伯爵戈特弗里德五世（Gottfried V）迎娶了英格兰国王亨利一世的女儿玛蒂尔达（Matilda），他们的儿子亨利二世继承了英格兰王位，同时还掌控着位于法兰西的诺曼底和安茹。英格兰和法兰西也由此结下了世仇。

而将其废除。

1188 年夏天，腓力二世和亨利二世之间的关系再度紧张，于是所有的十字军东征计划变得遥遥无期。直到 1189 年夏天，当原先确定在复活节发兵的时限早已过期之时，两位国王才决定于 1190 年 3 月 4 日率军开拔，展开联合行动。这一次，即便是 1189 年 7 月 6 日亨利二世驾崩也没有丝毫改变既定的发兵计划，因为亨利二世的儿子及继承人狮心王理查接受了他父亲承担的义务，而他早在 1187 年 11 月就宣誓要参加十字军东征，由此成为最早立誓的那一批人中的一员。1189 年 8 月 13 日，理查到达英格兰。不久他就下令当地的各大港口为计划中的东征做准备并建造船只。为了获取财政支持，理查成功地变卖了所有可以卖出的东西：官职、男爵封地、伯爵封地、治安官（Sheriff）辖地、城堡、城市、大片地产等。

大军出发的时间一再推迟，从 1190 年 3 月 4 日推到 4 月 1 日，后又推迟至 6 月 24 日。之后，法兰西国王乘坐热那亚船只从热那亚出海，并和他舰队的一部于 9 月 16 日在墨西拿港（Messina）①抛锚，而舰队的另一部分则直接驶向阿卡。9月中旬，理查也到达了墨西拿，他一开始并未乘坐英格兰舰队的军舰，后者绕过伊比利亚半岛，在马赛接上国王及其余部队。1191年4月10日，理查继续向圣地航行。腓力二世在此之前就已经出发，并于4月20日到达阿卡。而理查则在5月占领了战略位置重要的塞浦路斯岛，并于6月8日抵达阿卡城下。

德意志人最早是在1187年12月1日的斯特拉斯堡帝国会议上佩戴十字架的。德意志皇帝巴巴罗萨曾和他的叔父康拉德三世一起参加第二次十字军东征，他于1188年3月底决定效仿先例，并同时下令，德意志的十字军将在次年4月23日从雷根斯堡（Regensburg）②开拔。因为军队在途中不得不穿过其他国家，于是巴巴罗萨接着就派遣使者与这些地方的统治者进行谈判，请求他们允许自由过境并提供可

---

① 墨西拿：位于西西里岛东北端，由于和亚平宁半岛隔海相望，因此有"西西里门户"之称。

② 雷根斯堡：位于今德国东南部多瑙河之滨，179年罗马帝国派军队驻扎此地，肇建此城。雷根斯堡老城和横跨多瑙河的大石桥为世界文化遗产。

靠的粮食补给。匈牙利、塞尔维亚和科尼亚给了皇帝正面的回应，只有拜占庭人向他提出了条件，因为他们害怕德意志人借机进攻他们的帝国。根据几部拉丁语编年史的记载，巴巴罗萨在1188年还遣使告诉萨拉丁，如果他不归还在圣地攻占的城市的话，那么他就将面临战争。然而，这些记载绝非不容置疑，因为阿拉伯语文献中并无类似记载，而在欧洲广为流传、据传是往返于两位君主之间的那两封信件毫无疑问也是伪造的。

德意志北方的十字军在皇帝之前就已经取道海路出发。此外，图林根方伯路德维希三世（Ludwig III von Thüringen）及后来的奥地利公爵利奥波德五世（Leopold V von Österreich）也是坐船前往巴勒斯坦。而并未按时出发的巴巴罗萨的军队直到1189年5月11日才从雷根斯堡沿多瑙河溯流而上，并在6月底进入了拜占庭帝国。在此期间，巴巴罗萨派出一支先行部队提前赶往拜占庭帝国，因为后者要求一支部队前来监督先前达成的协议的执行情况，但这支部队却被多疑的拜占庭人作为人质扣留，直到 10 月下旬他们才得到释放。8 月 26 日，德意志人攻占了人去城空的菲利波波利（Philippopel）①，但到 10 月初大军的行进已经比预先计划的晚了六个星期，以至于巴巴罗萨在 10 月底向拜占庭使团解释说，快速进入亚细亚已不可能。他继续向阿德里安堡（Adrianopel）②进军，于 11 月 22 日将其占领，并决定在那里过冬。1190 年 3 月初，德意志军队再度开拔。直到月底大军全部进入亚细亚，拜占庭人才算松了一口气。两个月后，他们离开了短暂占领的罗姆塞尔柱苏丹国首都科尼亚，其间并非全无战事。但是到 6 月 10 日，巴巴罗萨却在渡过萨列法河（Saleph）③时坠河溺亡。

① 菲利波波利：今保加利亚中部城市普罗夫迪夫（Plowdiw）。公元前 341 年，亚历山大大帝的父亲、马其顿国王腓力二世征服此地，并将其命名为"菲利波波利"。公元前 72 年，罗马人攻占了菲利波波利并称其为"三丘之城"（Trimontium）。

② 阿德里安堡：又称"哈德良堡"（Hadrianopolis），即今土耳其西北边境城市埃迪尔内（Edirne）。公元 125 年前后，罗马皇帝哈德良下令在当地重建城市，并以自己的名字将其命名为"哈德良堡"。378 年，罗马皇帝瓦伦斯在此地与哥特人展开激战并阵亡。

③ 萨列法河：土耳其语中为格克苏河（Göksu），位于土耳其南部，发源于托鲁斯山脉，向东南注入地中海。

于是，德意志军队分崩离析。皇帝的儿子、士瓦本的腓特烈（Friedrich von Schwaben）继承了最高指挥权，在他的带领下，只有一小部分德意志军队抵达阿卡城下。

2 萨拉丁寻求盟友

与德意志人和其他欧洲民族不同的是，拜占庭人并没有参与第三次十字军东征。由于他们和萨拉丁保持着友好的关系，西方世界的基督徒认定他们与萨拉丁签有共同抗击十字军的盟约。但实际上，双方却不太可能缔结这样的盟约。基于官方信件内容的阿拉伯语文献显示，在1188年初至1189年年中的这段时间内，萨拉丁两次遣使君士坦丁堡。第一次是为了让拜占庭帝国允许穆斯林在其首都传教布道，作为交换条件，萨拉丁承诺为希腊东正教守护耶路撒冷的圣墓。第二次是为了把布道士和布道讲坛送往君士坦丁堡。萨拉丁在1189年初的一封信中曾谈到来自君士坦丁堡的有关欧洲准备十字军东征的消息。根据这封信的内容，大概还可以排除1188年底拜占庭遣使面见萨拉丁的可能性。拜占庭的使团是在 1189 年 8 月在萨拉丁使节的陪同下前来的，正是后者在早先把布道士和布道讲坛护送到了君士坦丁堡。但拜占庭的使节尚未完成出使就去世了。

单凭萨拉丁和拜占庭皇帝伊萨克二世·安格洛斯（Isaak II Angelos）①的这些接触是没有办法使双方结成共抗第三次十字军东征的同盟的。在阿尤布王朝这一方，更多的是卡迪·法迪勒的看法逐渐占了上风，他认为就算伊萨克二世要抵抗十字军的话，他一定也会从自身的利益出发来开展他宣示的抵抗行动，因此就算他想要让穆斯林相信他行事完全是基于穆斯林的利益，也不需要按照他的要求做出让步。萨拉丁命人给拜占庭皇帝写信，在信中他只是告诉了对方使节的死讯。于是，伊萨克二世只得

----

① 伊萨克二世·安格洛斯（1155~1204）：拜占庭帝国皇帝，在 1185 年成功地击退侵入帝国的西西里岛诺曼人。1196 年，伊萨克二世的弟弟阿莱克修斯（Alexios）趁伊萨克二世外出打猎发动政变，自立为帝，并将伊萨克二世双眼弄瞎投入监狱。1203 年，第四次东征的十字军抵达君士坦丁堡，伊萨克二世得以复位，但已年老体衰，无力掌权，实际上由他的儿子阿莱克修斯四世作为共治皇帝掌控朝政。

徒劳地要求萨拉丁不要让他对其计划一无所知，并让萨拉丁遣使君士坦丁堡，向他说明谈判的内容。而在这时，德意志军队已经离开东罗马帝国。

正如萨拉丁并不指望与信奉基督教的拜占庭帝国结盟一样，他也对伊斯兰世界支持他抗击十字军不抱丝毫希望。早在 1189 年 10 月中旬，他就在他的埃米尔面前表明了自己的立场，认为他只能依靠自己的力量。尽管如此，不久之后他还是向几乎所有穆斯林君主求援。他这么做，或许只是为了事后可以说，与几乎所有其他人截然不同的是，他为了"吉哈德"的事业已经用尽了一切办法。事实上，这些努力取得的回报可谓微乎其微。不单是上文述及的哈里发纳西尔的态度确证了萨拉丁悲观的估计，伊拉克和波斯地区也正自顾不暇。人们还尚未忘记过去数年的战事和纷争，而那时正是萨拉丁开始踏足摩苏尔的时候。

此外，虽然科尼亚的基利杰·阿尔斯兰二世向萨拉丁承诺将尽其所能地阻挡德意志的十字军，但是他也显得并不可靠。因为自 12 世纪 70 年代以来他就一直与巴巴罗萨交好，以至于他在 1188 年就向皇帝保证，后者可以自由过境他的帝国。然而，他的儿子库特巴丁（Qutbaddīn）却阻挠了他的履约计划。1189年与 1190 年之交的冬天，库特巴丁在科尼亚迫使他的父亲接受了他的意志。在这之前，库特巴丁为了扩充自己的势力和土库曼各部落联盟。尽管他也同意巴巴罗萨自由过境，但他在土库曼人的支持下试图消灭德意志军队。至于库特巴丁是否曾撇开他的父亲独自与萨拉丁缔约并尝试履行这一约定，我们不得而知。在德意志人攻占科尼亚之后，基利杰·阿尔斯兰二世与巴巴罗萨达成一致，并向十字军敞开了前往叙利亚的大门。与此同时，他们父子转而为此向萨拉丁道歉。基利杰·阿尔斯兰二世在给萨拉丁的信中完全歪曲了事情的前因后果，说是自己的儿子阻挠了他抗击巴巴罗萨的军队。对于这种辩解，萨拉丁似乎不以为然，因为他的立传者巴哈阿丁·伊本·沙达德写道，基利杰·阿尔斯兰二世一开始就不愿意阻止德意志人过境。

为了寻求援军对抗十字军，萨拉丁还徒劳地向位于伊斯兰世界最西方的穆瓦希德王朝君主阿布·优素福·雅各布·曼苏尔（Abū Yūsuf Ya'qūb al-Mansūr）求助，虽然后者和他的前任一样都要与阿拔斯王朝争夺哈里发的尊号，而且在他眼中萨拉丁作为伊斯兰教正统信仰和阿拔斯王朝利益的维护者的形象已经出现得足够多。但尽管如此，穆瓦希德王朝的哈里发却拥有一支强大的舰队，而这对于抵抗第三次十字军东征而言具有巨大的价值。或许萨拉丁甚至希望穆瓦希德王朝可以进攻西西里岛。鉴于威廉二世死后岛上基督徒统治之下幸存的穆斯林爆发了起义，如果穆瓦希德王朝能够进攻西西里，那么获胜将更加有望。而在此之前，这些穆斯林早就已经向萨拉丁提出要求，希望他能够亲征西西里岛。

3 阿卡防御战失利

萨拉丁似乎梦想过在灭亡十字军国家之后将把抗击基督徒的"吉哈德"继续推进到欧洲的土地上，以征服君士坦丁堡和罗马。将罗马作为进攻目标不难理解，其主要原因大概是萨拉丁看到教宗的权力是促使十字军不断与穆斯林作战的决定性力量。然而，1189 年萨拉丁觉得自己在军事上日益处于守势，以致他无法继续在北方的征伐。他原本想在春季派他的侄子塔吉亚丁前去攻打的黎波里，并在停战结束后亲自攻打安条克。但是，他预计到第三次十字军东征即将开始，于是便立刻把精力集中到防御上。塔吉亚丁得到命令，率军前往攻打安条克，以便出于纯粹防御的目的牵制住博希蒙德三世。基于与之相应的考虑，他在霍姆斯集结军队，以防备的黎波里的法兰克人可能采取的军事行动，并派兵驻扎在泰尔附近，以监视蒙费拉的康拉德和吕西尼昂的居伊，而且还在埃及的沿岸城市布置兵力，以便防御他预想来袭的西西里岛诺曼人。回想起 1174 年的事件，这种危险在他看来正日益逼近，尤其是当他在围困采法特时得知，埃及法蒂玛王朝的残余势力再度蠢蠢欲动，正在策划新的阴谋。鉴于在过去的几年中埃及社会陷入紧张，前朝势力可能死灰复燃，而在此之前卡迪·法迪勒曾警告说，过度消耗埃及的财力可能会导致埃及社会动荡。之后，萨拉丁显然是颁布了命令，将埃及军队中的几位将领撤职处罚，因为据说他们已经与基督徒建立了联系，至于有过错的普通士兵，萨拉丁只是把他们逐出了军队。

1189 年初，萨拉丁前往阿卡，在那里停留了几日。在阿卡，他大力加固城防工事。在等到前来护卫阿卡的埃及军队之后，萨拉丁出发前往大马士革，并在 3 月 21 日到达那里。在此期间，吕西尼昂的居伊再度蠢蠢欲动。他于 1188 年夏被萨拉丁释放，作为条件，他保证不再起兵对抗萨拉丁。当时萨拉丁可能是希望居西昂的居伊和康拉德之间很快就会发生冲突，因为康拉德并不承认居伊的国王身份。居伊徒劳地前往泰尔请求康拉德的支持，在走投无路的情况下只好转而向的黎波里求助，在那里一些朝圣者和不知所措的当地基督徒聚集在了他的周围。1189 年 4 月底，居伊再度出现在泰尔城下，但康拉德依然拒绝为他打开城门。于是，他便驻扎在城外。尽管如此，比萨人却加入了居伊一方，他们曾在泰尔保卫战中为康拉德提供了宝贵的支持。比萨人改旗易帜，令康拉德深受打击，特别是早在 4 月初一支由 52 艘船组成的比萨舰队在总主教乌巴尔特（Ubald）的带领下已经抵达泰尔港。除此之外，圣约翰骑士团似乎也没有加入康拉德一方。

为了找到一处属于自己的军事基地，吕西尼昂的居伊接着两次进军赛达。萨拉丁并没有花费多大力气便将他击退。但到 1189 年 8 月 22日，萨拉丁却获悉居伊正率军前往阿卡。作为回应，萨拉丁召集所有并未在其他地方被牵制的部队增援阿卡。虽然围城的基督徒军队因为雅各布·冯·阿韦讷（Jakob von Avesnes）及图林根的路德维希三世等欧洲援军的到来实力有所增强，但是刚开始一切都还是预示萨拉丁将会迅速取胜。早在 9 月中旬，萨拉丁就成功地突破了基督徒的防线，从而使得一定数量的食物和战争物资可以运往阿卡。萨拉丁本想借机扩大胜利成果，给予基督徒致命一击，但几位埃米尔和阿卡卫戍部队却无意再战，因此萨拉丁未能得偿所愿。

1189 年初，法兰克人转入攻势，并一直突进到萨拉丁营中苏丹大帐之前，但阿尤布王朝的军队还是得以重整旗鼓。在穆斯林反攻的冲击之下，基督徒费了很大力气才勉强守住自己的阵线。如果不是萨拉丁因为要顾及他的埃米尔以及伊克塔军事采邑制度不得不再次遣散大量部队的话，基督徒恐怕已无可能巩固自己的防线。当时萨拉丁身患重病，部队也深受瘴气之苦。尽管如此，萨拉丁在几天之后还是顶住病痛，决定率领身边剩余的部队撤往卡茹巴山（Djabal al-Kharrūba），以便在那里静待其弟阿迪勒率军到来。阿迪勒和埃及舰队都接到了增援命令——带来部队、武器和粮食补给。正如萨拉丁所预见的那样，基督徒看到时机已到，再度从四面八方围困阿卡。他们不急于交战，而是大力加固城市的围城工事。此外，随着十字军后续部队的到来，基督徒的围困得到进一步加强。与此同时，基督徒军营中的粮食储备急剧减少，因为随着季节的更替地中海的补给线中断。

阿卡城下要到1190年3月才再度发生激烈的战事。在这三个月期间，阿尤布王朝来自叙利亚和美索不达米亚的新兵抵达前线。萨拉丁再度将自己的营地向前移到距离基督徒营地更近的地方。他使用火攻成功地烧毁了三座已在冬天完工且可移动的攻城塔，并命人修复了城墙下被围城军队部分填满的城壕，这些城壕使诸如攻城塔之类的围城器械无法逼近城墙。此外，穆斯林军队驾着自己来自埃及的几艘船再度从外围突破了基督徒舰队的封锁。作为策应，萨拉丁与阿卡城内一支突出重围的卫戍部队一道，同时进攻了十字军的大营，而他在港内停泊的船只也加入了战斗。这样一来，城中的阿尤布王朝军队再度得到短期的补给。

之后却传来消息，说是就算是科尼亚的罗姆塞尔柱人也没有阻挡住德意志的十字军。如此一来，摆在萨拉丁面前的问题就是他是否应当前去迎击德意志人，以迫使他们在北方众多的关隘中与之交战。但是，考虑到阿卡城下的十字军，萨拉丁并不愿意把这座城市的命运完全交给当地的卫戍部队。因此，他决定自己留在阿卡城下，并命令帝国境内位于德意志人前往圣地的必经之路上的那些埃米尔对德意志军队进行监视和干扰。比如身为阿勒颇城主的萨拉丁之子查希尔便被派到那里，而他的侄子、哈马城主塔吉亚丁则负责据守拉塔基亚地区。另外，萨拉丁还下令平毁提比里亚、雅法、阿尔苏夫、凯撒里亚、赛达和朱拜勒的城防工事。

当各方都在热切地期待德意志人到来时，基督徒遭受了一场惨痛的失败。他们趁上文提及的埃米尔及其军队不在之际，攻打了萨拉丁的军营。不久以后，他们就不得不承认，期待一支强大的德意志十字军到来不过是自欺欺人。他们的耳边充斥着穆斯林幸灾乐祸、庆贺胜利的叫喊声：德意志的统治者已经溺亡，他的军队几乎遭到全歼。但不久香槟伯爵亨利（Heinrich von der Champagne）乘船到达阿卡城下，这让欢呼雀跃的穆斯林颇为扫兴。而在他之前，已有成批成批的法兰西人和英格兰人抵达。亨利二世接手了十字军的最高指挥权，因此在十字军的阵营中，法兰西人占据了上风。1190 年 10 月 7 日，士瓦本的腓特烈带领剩下的 1000 名士兵到达。但即便如此也丝毫无法改变十字军中各方的力量对比。在此之前，蒙费拉的康拉德曾徒劳地希望能够依靠德意志人的力量使自己位列吕西尼昂的居伊之前。

随着秋天海上风暴四起，十字军与欧洲的联系中断，于是大军陷入补给困难。穆斯林据城固守，令十字军丧失斗志，此外他们还得忍饥挨饿，于是许多基督徒投靠了萨拉丁。在这个并不适合航行的季节，却有一艘补给船颇为反常地在 1191 年 2 月到达了阿卡城下，这总算是解了十字军的燃眉之急。

在此期间，萨拉丁再次碰到麻烦，因为他难以维持足够数量的军队。伊克塔制度的缺陷使长期征战变得几乎不可能，但萨拉丁又一次成功地弥补了这一制度的缺点：他巧妙地令部队轮流值守，以此顶住了"静止不动"的十字军的进攻。通过这种办法，萨拉丁在 1190 年维持住了战场的兵力，一直挺到冬天。直到后来战事越来越少，萨拉丁才让部队返回家乡。但是就在 1190 年，加扎利－

伊本－奥马尔（Djazīrat ibn 'Umar）①的一位埃米尔公然哗变。雪上加霜的是，1190 年秋天和 1191 年春天，萨拉丁还不得不从他最优秀中的将领中选出两位领兵前往东方，以调解两河流域出现的继位纷争，但他们都有去无回。

基督徒将他们的船只遣回了泰尔及地中海中的岛屿，由此解除了冬季对阿卡的围困。他们在多次进攻受挫后也精疲力竭。于是萨拉丁决定让同样疲惫不堪的阿卡卫戍部队在 1191 年 2 月中旬从海法出发，经由海路与其他部队换防，并将大量物资储备运进阿卡城中。他也允许城中居民自愿迁出。然而，萨拉丁却无力弥补大量军队和居民流出后的空缺，因为并没有足够的人自愿前来阿卡。当基督徒再度对阿卡形成海上封锁之后，新的卫戍部队仅为原先兵力的三分之一。

1191 年 4 月和 5 月，阿卡城下重燃战火。

① 加扎利－伊本－奥马尔：今称吉兹雷（Cizre），土耳其东南部城市，位于底格里斯河畔。公元前 331 年，亚历山大大帝正是在此地渡过底格里斯河，进军东方的波斯帝国。罗马帝国时期属美索不达米亚行省。阿拔斯王朝以该城总督之名将这座城市命名为"加扎利－伊本－奥马尔"。

不论是萨拉丁还是他的敌人，都补充了新鲜兵力。特别是腓力二世·奥古斯都于 4 月 20 日到达，令基督徒士气大振。但是真正从根本上改变局势的，却是在 6 月 8 日抵达的狮心王理查。于是，萨拉丁完全陷入被动防御之中。早在 7 月 12 日，阿卡卫戍部队就缴械投降。不论萨拉丁如何立誓许诺增援，食不果腹、身心俱疲的守军都丝毫不愿改变他们的立场。他们不敢想象自己将面临怎样的命运。在萨拉丁公开表明自己无力在规定期限内凑齐理查要求的赎金之后，这位英格兰国王认为自己需要借此赢得时间，阻止萨拉丁拔营征伐其他地方。理查不顾对方提出的以换俘作为过渡方案的建议，在违背投降条件的情况下，于 8 月 20 日下令处决了差不多 3000 名穆斯林，仅有身份尊贵者幸免于难。通过这次血腥屠杀，理查极为强硬地向萨拉丁施压，要求他双手奉还在 1187 年哈丁战役中缴获的真十字架。

阿卡失陷之后，穆斯林中无人愿意继续守卫城池要塞，以抗击狮心王理查的进攻，因为他们害怕在其他地方重演阿卡卫戍部队的悲剧。而激励穆斯林奋起最后一战的，大概是他们至少还不愿意让耶路撒冷再度落入基督徒手中。萨拉丁下令平毁了所有受到威胁的城市与要塞的防御工事，并全力专注于防御耶路撒冷。由此，他再度清晰地表明自己才是伊斯兰圣所的守护者。因此，正是在这一时期的萨拉丁铭文中才出现了相应的头衔，这大概并不是偶然。

明白无误的是，在抗击法兰克人的圣战中，穆斯林的兵力投入日益减少。在萨拉丁的诸位埃米尔之中，有的人关心的是在别处的利益。除此之外，穆斯林日益衰减的热情还体现为自1190年以来自愿加入萨拉丁军队的人数越来越少。不论是雄辞闳辩还是大肆宣传，都很难再激发他们的斗志。甚至萨拉丁本人都还需要卡迪·法迪勒等人的劝慰鼓励，才使自己不致陷入无望之中。但尽管如此，每逢关键时刻，萨拉丁还是能顶住突发的严重高烧，重新振作起来，让斗志受挫的部队投入战斗。

而在基督徒一方，士兵的信心也很快丧失，这是因为在佛兰德伯爵腓力去世后腓力二世·奥古斯都在阿卡城下的军中所想的只是早日回国，按自己的意愿处理佛兰德地区的内部事务。许多十字军战士都对他颇有微词，但他不为所动。于是，他在 8 月初登上了回国的船只。尽管如此，他还是让他大部分的军队留了下来，但由于兵力、财力捉襟见肘，很快这支军队就得依靠狮心王理查及其钱财的支持。

4 与狮心王理查缔约停战

于是，英格兰国王便成了十字军的最高统帅。他率军向南边的雅法港进军，而这座城市的城防工事早在 1190 年夏天就已经被萨拉丁下令平毁，因为如果基督徒要攻打耶路撒冷的话，那么他们就可以把雅法作为基地。对战处于行军途中的基督徒军队，穆斯林长期以来都具有优势，萨拉丁试图充分发挥穆斯林的这一对敌优势，却徒劳无功。理查十分清楚应该让军队保持阵形，只有当穆斯林无处可避、难以逃脱重甲骑兵的进攻之时理查才会以反击回应，打穆斯林一个措手不及。与穆斯林进行持续不断的遭遇战的重担落到了步兵身上，他们其中的一部分紧紧地护住了朝向萨拉丁部队的侧翼和三重骑兵军阵的后方，而另一部则在骑兵和大海之间行进，这一侧不受敌军袭扰，同时又是辎重所在，士兵可以在此补给休整，以便替换大军左翼不断与敌军遭遇的战友。

十字军的行进得到理查的舰队的支持，后者的首要任务显然是运输军粮，但并不负责运载所有的辎重，但如果是这样的话，反而可以增强陆军的机动性。然而恰恰相反，舰队并不守时，这造成陆军行进速度相对缓慢。

尽管英格兰弓弩手在大多数情况下都能逼退穆斯林，使他们无法近前，但就在 9 月 7 日萨拉丁还是成功地在阿苏夫让理查的后卫部队陷入极为严重的困境，以致其不得不进行反击，以图自救。接着理查投入了他全部的兵力，并得以扭转先前的危局，进而取得了辉煌的胜利。就在阿苏夫战役之后，如果理查没有在重建雅法港防御工事上浪费宝贵时间的话，那么他也许就会拥有攻下耶路撒冷的机会，因为萨拉丁正好利用这段时间对保卫耶路撒冷进行了备战。尽管理查数次成功击败了阿尤布王朝的军队，但在于 1192 年 1 月和 6 月发起的两次对耶路撒冷的攻势中，他并没有取得胜利。于是双方开始谈判。在这个战场上，萨拉丁所显示的优势要胜过这位在军事上几乎难以击败的英格兰国王。尽管面临内部的困境，但凡是事关耶路撒冷统治权的问题，萨拉丁都寸步不让。尽管狮心王理查先后两次对耶路撒冷发起进攻，但他并没有利用这两次攻势来为自己赢得有利的谈判地位，因为他每次都是在成功撤回后才与萨拉丁沟通，而这样一来他首先需要做的就是为自己争得一个有利的谈判地位。另外，他似乎过于频繁地提到自己必须尽快回国，因为这样一来敌人就很容易通过简单的拖延策略从他那里取得重要的让步。就算在1192年4月28日蒙费拉的康拉德被阿萨辛派的两位刺客谋杀之前，萨拉丁仍长期占有优势，因为他可以离间理查和康拉德，后者公然反对得到理查支持的吕西尼昂的居伊，并希望能取得耶路撒冷王国的王冠。

最终，理查和萨拉丁在1192年7月2日缔结了停战协议，约定停战时间为三年八个月，协议内容还涉及安条克、的黎波里和阿萨辛派。虽

然理查也提出将耶路撒冷作为共管地，但这一建
议没有得到采纳，圣城仍然由萨拉丁单独掌控，
但萨拉丁承诺基督教朝圣者可以自由进入耶路
撒冷。事后他又做出让步，允许两名操拉丁语的
教士看护圣墓教堂。另外，理查以及拜占庭人和
格鲁吉亚人都热切要求迎回的真十字架也留在了
萨拉丁手中。理查早先曾夺取重要的港口城市亚
实基伦，并打算将其作为日后基督徒进攻埃及的
基地，但这座城市也归还给了萨拉丁，但后者也
不得不下令拆毁由理查重建的城防工事。尽管如
此，条约还是为十字军保留了他们收复的位于阿
卡和雅法之间的沿岸狭长地带。而雅法和耶路撒
冷之间深入内陆的吕达（Lydda）①和拉姆拉这两
座城市则成为共管地。

　　由于狮心王理查身患重病，直到 1192 年
10 月 9 日也就是在秋季海上风暴将要来临之时，
他才启程回国。虽然他的许多骑士和索尔兹伯
里主教休伯特·沃尔特（Hubert Walter）都有
幸受邀参与萨拉丁的庆祝娱乐活动，但理查并

---

①　吕达：今称卢德（Lod），位于以色列中部，是圣乔治
的家乡和安葬之地。

没有利用条约中规定的机会前往耶路撒冷的圣所参拜。这样一来，他就和一年前的法兰西国王腓力二世一样，并没有兑现自己的东征誓言。除了他自己的病情之外，理查也许是想借此表明，他并不认为他的东征就这样结束了，他还会重整军队、卷土重来。

双方都认为缔结停战协议是两军力竭所致的无奈之举，休战不过是暂时停止战事，双方可以借此机会重新集结力量，然后给予对方致命一击。不久萨拉丁就想到要让他在伊斯兰世界的那些敌人重新恢复理智，因为他们中有一部分人在十字军东征期间令萨拉丁腹背受敌。他尤其想介入科尼亚的继位纷争，以取得对安纳托利亚的控制权，因为如果未来十字军不走海路，而是取道陆路，那么安纳托利亚就是他们必经之地。萨拉丁担心，一旦他死了，他的帝国就会分崩离析，而那些他还尚未完全驱逐的西方世界的敌人就大有可乘之机。

然而，萨拉丁起先还是开始准备前往麦加朝圣，最后却没有成行。他将朝圣推迟到次年，因为他大概是听从了卡迪·法迪勒的意见，后者自己曾两次前往麦加朝觐，但他劝阻萨拉丁，说不宜在当时的形势下朝圣，否则恐会铸成无可挽回的错误。因为在他看来，第三次十字军东征的部队尚未撤离，他们可能会趁萨拉丁离开之际撕毁停战协议发动突袭，乃至收复耶路撒冷。另外，他还认为眼下帝国内部有大量要事亟待处理，特别是大马士革地区因为很多农民受到领主压榨局势紧张，此外财政困难也亟待解决。萨拉丁并没有得到良机，可以效法他的父亲阿尤布和叔父谢尔库赫，他们曾分别带领叙利亚的朝圣驼队前往麦加朝圣。按照当时的设想，虽然麦加朝圣一再推迟，但这可以通过对十字军的战争得到大大的弥补。另外，萨拉丁有心前往麦加朝圣就已经难能可贵，因为直到 1269 年马穆鲁克王朝 ① 苏丹拜巴尔一世 ②

---

① 马穆鲁克王朝：1250 年阿尤布王朝被推翻后建立的国家，疆域包括埃及、巴勒斯坦和叙利亚等地，1517 年被奥斯曼帝国灭亡。

② 拜巴尔一世（Baibars I，约 1223 年~1277 年）：马穆鲁克王朝最负盛名的君主之一，曾率军挫败第七次十字军东征，并生擒法兰西国王路易九世。此外，他还击溃了蒙古的西征大军，遏制了其西进的步伐。

朝觐麦加，在这之前的数百年间都没有一位阿拔斯王朝哈里发或者是重要的统治者去过麦加朝圣。

5 萨拉丁之死

在与狮心王理查缔结停战协议半年后，萨拉丁便去世了。与十字军的苦战耗尽了他的心力。早在1186年初萨拉丁就身患重病，命悬一线。而在十字军东征期间，他多次突发高烧，备受折磨。1193年2月20日至21日深夜，他再度高烧。一些英格兰史家认为萨拉丁和他的叔父谢尔库赫一样是死于暴饮暴食，但这不符合史实。其实萨拉丁的身体之所以变得虚弱，更多的是因为他不顾医生的劝诫执意要弥补先前两次未守斋月的过失。到了生病的第四天，萨拉丁的医生为了缓解病情，对他进行了抽血，但他的病情依然持续恶化。到第九天，萨拉丁首次失去意识，在这之后都只是数次短暂地恢复意识。大马士革的商人开始从市场中运走他们的货物，因为他们害怕一旦萨拉丁去世，城内就会发生动乱，劫掠横行。到第十一天，医生再也不抱希望，因为他们觉得萨拉丁已经病入膏肓。于是，为了未雨绸缪，以防萨拉丁突然死去，他的长子阿夫达勒（al-Afdal）让身在大马士革的最为重要的几位埃米尔各自立下承诺，对他宣誓效忠。第十二天也就是1193年3月4日清晨，萨拉丁逝世。在他弥留之际，有人为他诵读了《古兰经》。据说，当听到第九章第129行的经文"除他外，绝无应受崇拜的。我只信托他"①时，萨拉丁含笑而逝。一位伊斯兰教法学家洗净萨拉丁的遗体并为其裹上尸布。在晌礼之后，人们抬着萨拉丁素布遮盖的棺椁走出大马士革城堡，让痛苦哀号的民众和萨拉丁告别。按照伊斯兰教的习俗，萨拉丁的遗体需要当天就下葬在大马士革城堡。但直到1195年12月，萨拉丁的遗体才找到最终的长眠之地，他被安葬在倭

① 此处译文引自《古兰经》，马坚译，中国社会科学出版社，2013。

马亚大清真寺①近旁一座为他建造的陵墓中。今天游客在陵墓内部看到的白色大理石墓碑为1903年所立，契合奥斯曼帝国晚期浮华的装饰风格，却与雕饰富丽的木制原物毫不相称。

萨拉丁死后，他的长子阿夫达勒向巴格达的哈里发纳西尔送去了厚礼，其中除了萨拉丁的宝剑和金盔之外，据说还有真十字架，而真十字架的一个残片据称早在1192年就已经被送到意大利。但阿夫达勒并不是他父亲的唯一继承人，因为萨拉丁早先便已决定要将他的帝国分而治之。他年龄最长的三个儿子分别得到大马士革、开罗和阿勒颇，而他的弟弟阿迪勒则分到剩下的地区。在接下来的几年中，萨拉丁诸子频繁地互相征伐，阿尤布帝国由此近乎

---

① 倭马亚大清真寺：伊斯兰世界最古老的清真寺之一，其原址早先建有一座朱庇特神庙，到4世纪晚期罗马神庙被基督教教堂取代，教堂中曾保存有"施洗者"约翰的头颅。636年，阿拉伯人占领大马士革，但在随后的70多年里，这座建筑一直是基督徒和穆斯林共用的宗教场所。708~715年，即倭马亚王朝哈里发瓦利德一世（al-Walid I）统治时期，这座曾经作为教堂的巴西利卡式建筑才被改成清真寺，其中原来教堂的外墙都得以保留，特别是南墙的外立面上还可以看到希腊时期的纹饰、铭文等遗存。

分崩离析。但到 12 世纪与 13 世纪之交,阿迪勒作为调停人重新恢复了帝国内部的力量均势,得以独揽帝国大权。一直到 1218 年逝世,阿迪勒都维系着这个大帝国。虽然后来阿迪勒的几个儿子也为继承权争斗不止,但阿尤布帝国还是继续存在了 30 年之久。

萨拉丁在位之时被誉为"埃及约瑟再世"。约瑟的传说深受基督徒和穆斯林喜爱,不论是《圣经·旧约》还是《古兰经》,都对这个故事有着详细的记载。这个传说使人们如此紧密地把萨拉丁与《圣经·旧约》中的约瑟联系起来,以至于我们不仅能经常在阿拉伯语诗歌和编年史中,而且有时可以在同时代的基督教文献中找到将萨拉丁比作约瑟的文字。从单纯的情感角度而言,把萨拉丁视作再世的约瑟,有利于埃及人和叙利亚人接受这位苏丹。但从长期看来,萨拉丁在埃及人眼中却并非约瑟那样的供养天下的仁和之君。虽然萨拉丁针对埃及国内的组织机构进行了广泛的改革,并为深受宫廷阴谋之苦的埃及再造了稳定,但他并没有把富饶繁荣带给埃及,恰恰相反,他历年征战,耗尽了埃及的财富。

此外，当时埃及人都将突厥人和库尔德人视为蛮族，把二者混为一谈，而萨拉丁的政权也被他们视同突厥人的政权。长期以来，突厥人在阿拉伯各国都不受待见，因为很早以前人们就普遍认为士兵不过是纯粹的拦路强盗。人们对突厥人的这种印象在萨拉丁统治初期也得到印证，因为当时所谓的"突厥人"显然经常对埃及民众横加干涉。那时发生了多次企图推翻萨拉丁的密谋和叛乱，但其中首要的原因并不是对突厥人的反感和排斥，更多的是因为被推翻的法蒂玛王朝残余势力试图反叛，以恢复什叶派的统治地位以及他们原有的官位与特权。因此，他们几乎不用指望自己会得到大部分埃及民众的支持，因为即便是在法蒂玛王朝哈里发统治时期大多数埃及人信奉的仍然是伊斯兰逊尼派。

萨拉丁的个人威望在埃及人中遭受折损的原因可能还在于他对埃及更多的是反感，虽然他本人十分喜欢人们将他比作约瑟，而且他的很多成就其实也要归功于埃及。然而，《圣经·

旧约》中的约瑟其实也没有把尼罗河畔的这片土地当作自己的家乡，在他临死之时，他让以色列的子民起誓，如果他们迁离埃及，一定要把他的遗骨也一起带走。

萨拉丁的战争对于埃及而言是如此无益，但对叙利亚的统一而言又是如此有利，而大马士革也由此再度成为一个大帝国的首都。这也许使许多叙利亚人对萨拉丁充满了好感，因为他曾公开表示，他更热爱自己的国家。尤其是在大马士革，萨拉丁颇受欢迎。能说明这一点的不只有在那里流传的有关他的奇闻逸事，而这些事迹则源自前往麦加朝圣的安达卢斯人伊本·朱贝尔（Ibn Djubair）的讲述。尽管民众可能对连年的战事已然生厌，但萨拉丁逝世时大马士革百姓的哀痛似乎也曾达到远超寻常的规模。也许那时并不只有卡迪·法迪勒一人相信，随着萨拉丁的逝世，末日审判已然近在咫尺。

然而，在埃米尔之中却全然是批评之声。人们批评的焦点主要集中在萨拉丁过于慷慨，以至挥金如土、尽人皆知，由此还造成国库空虚、财力不济。在第三次十字军东征时期,萨拉丁的营中就因此爆发过数次激烈争吵,而他死后人们对他的批评大概也并不只是昔日争执的怪诞余音。对萨拉丁统治的不满还反映在大马士革地区的农民因赋税过高不堪忍受,进而导致血腥暴乱四起,而在萨拉丁死前卡迪·法迪勒就对此颇为忧虑。差不多与此同时,纳布卢斯的百姓也因为弊病丛生怨声载道。

第七章　萨拉丁与他身后的世界

1　高贵的异教徒

萨拉丁深刻地影响了欧洲人心目中"高贵的异教徒"形象。根据第三次十字军东征的所见所闻，同时代的欧洲人就已经把萨拉丁视作一位完美的骑士，有的人甚至认为他早已秘密皈依基督教。在之后的数百年中，基督徒声称，萨拉丁在早年就已经被耶路撒冷王国的一位男爵册封为骑士，他有一位基督徒母亲，而且去世时已经是一位经过洗礼的基督徒。

但是，其实直到1732年，作为萨拉丁的同时代人，同时也是他的拥护者，巴哈阿丁·伊本·沙达德所著的萨拉丁传记才从阿拉伯语

被译成拉丁语在莱顿出版。1758年，由弗朗
索瓦·路易斯·克劳德·马林（François Louis
Claude Marin）执笔的首部成书于近现代的萨拉
丁传记在巴黎出版，并于1761年被译成德语。
但当时影响最大的可能还要数1756年伏尔泰的
《风俗论》（Essai sur les moeurs et l'esprit des
nations）①。比如他在第56章中就称颂了萨拉丁
在1187年占领耶路撒冷时展现的宽厚仁爱的胸
襟。在伏尔泰更早的一篇关于十字军的文章中，
他将萨拉丁的宽大为怀与十字军对圣城的血腥
征服进行了对比，后来这部作品在1751年由莱
辛译成德语。对于萨拉丁的去世，伏尔泰写道：
"人们说，萨拉丁在他的遗嘱中立下规定，同样
的施舍，穷困的穆斯林、犹太人和基督徒皆应
有份。萨拉丁想要借此规定表明，众人皆兄弟，
助人不应问他人的信仰，而应问他人的困苦。
但是我们的基督徒王侯却少有人如此宽宏大量，
我们的史学家也鲜有人给过萨拉丁公允的评价，
尽管欧洲并不缺乏史学家。"

　　莱辛在演绎薄伽丘作品的基础上，于1179

---

　　① 　又译作《论国家的形态和精神》。

年发表了戏剧作品《智者纳坦》。在这部作品中，他把萨拉丁塑造成一位宽容大度的苏丹，他接受了古老犹太寓言的劝导。在这个寓言中，有三枚难以分辨的戒指，他们分别代表犹太教、基督教和伊斯兰教。由于《智者纳坦》的巨大影响，萨拉丁被塑造成启蒙运动宽容思想的前锋、所有基督徒的楷模。

然而，全无影响的却是席勒的质疑。席勒大概在 1732 年拉丁文译本的基础上将巴哈阿丁·伊本·沙达德的萨拉丁传记译成了德语，并将译文收录在《史学备忘录》（*Historische Memoires*）（耶拿，1732）中发表。但他在前言中却怀疑，伊本·沙达德之所以在传记中只关注萨拉丁抗击十字军东征，是因为这样一来他就不需要记述先前并不怎么光彩的事迹。

在启蒙运动后的几十年间，浪漫主义也强行将萨拉丁的形象为己所用，而其中的代表人物便是苏格兰诗人沃尔特·司各特（Walter Scott）。在他的长篇小说《魔符》（*Der Talisman*）中，司各特把萨拉丁塑造成了一位平易近人、富有同情心的苏丹。和莱辛一样，他在塑造萨拉丁形象时也是自由挥洒。比如，在他的笔下，萨拉丁身着医袍前来十字军的大营，治愈了身患重病的狮心王理查，虽然两人实际上从未见过面。

中世纪中期有关萨拉丁的文献卷帙浩繁，记述详尽，这对于那个时代来说是颇不寻常的。在对这些文献进行检视编纂之后，以 1898 年斯坦利·雷恩－普尔（Stanley Lane-Poole）[①] 的萨拉丁传记为开端的现代研究使萨拉丁理想化的形象逐步让位于更为理性的审视。

虽然最早的有关萨拉丁的拉丁语文献还算不上阿谀谄媚，但萨拉丁能在欧洲人心目中成为"高贵的异教徒"，这其中的主要原因大概在于萨拉丁攻占耶路撒冷在很大程度上并无血腥屠戮之举。圣城的陷落让整个西方世界开始反躬自省，于是众多基督徒史家也开始述及萨拉丁的言行举止。在欧洲人看来，这一切在 1192 年缔结停战协议后也得到印证，因为据说当时萨拉丁的部下提出要对前往耶路撒冷朝觐的十

---

① 斯坦利·雷恩－普尔（1854~1931）：英国东方学家和考古学家，曾任职于大英博物馆，后又在都柏林大学任教，著有《中世纪埃及史》（*History of Egypt in the Middle Ages*）。

字军战士进行复仇，以报狮心王理查在 1191 年占领阿卡后对沦为阶下囚的 3000 名穆斯林大开杀戒的血海深仇，但萨拉丁却拒绝了这一建议。于是，人们心中便留下了萨拉丁这个不论胜败皆颇具骑士风度的形象，他懂得克制仇怨，并且一诺千金。

在基督徒看来，异教徒和"无所信仰之人"信守诺言，这并非理所当然。只要基督徒想要违背与穆斯林签订的协议，一般来说他轻而易举就能找到一位教会人士相助，后者依凭教会权威和教士的宽恕之权就可以宣告他订立的誓约无效。因此，基督徒因为背信弃义在伊斯兰世界声名狼藉，此乃意料中事。值得一提的是 1187 年沦为萨拉丁阶下囚的耶路撒冷国王吕西尼昂的居伊，他曾向萨拉丁立誓再也不举兵反抗，于是 1188 年他得以重获自由，但不久教会就凭借破绽百出的理由解除了他的誓约。类似的典型事例还有：1191 年阿卡城投降之后，萨拉丁与狮心王理查进行谈判，试图换回被俘的穆斯林，当时萨拉丁觉得自己只可以相信圣殿骑士团的誓言，但据说圣殿骑士却接受了十字军将领阴险的指示，拒绝履行这样的誓约。

　　萨拉丁在欧洲作为"高贵的异教徒"的光辉形象盖过了中世纪大多数基督徒君主，而这不单单是因为萨拉丁对投降基督徒的宽大处理和他长期以来信守契约、一言九鼎的作风。在萨拉丁的优秀品质中，最为引人注目的是慷慨大方、乐善好施，以至于近乎挥霍无度，这让穆斯林和基督徒都印象深刻。而正是这一点使他在人们心目中的形象更加光辉夺目。与努尔丁相比，同时代的泰尔的威廉对萨拉丁并无好感，他认为萨拉丁篡夺了努尔丁的遗产，是一位傲慢不逊、好大喜功的统治者。但甚至连他都认为萨拉丁理智机敏，而且其慷慨大方无以衡量，远胜过努尔丁。也许泰尔的威廉意识到了这其实是萨拉丁家族的特质，因为他也曾称赞萨拉丁的叔父谢尔库赫乐善好施。像威廉这样称颂萨拉丁的人在他的教友当中绝非少数。宫廷抒情诗人弗格尔瓦伊德（Walther von der Vogelweide）在规劝士瓦本的菲利普（Philipp von Schwaben）国王应当慷慨大方时也颂扬过萨拉丁的"仁爱"①，也就是说，萨拉丁爱民恤物，矜贫救厄。在后来的几十年中，还有两位诗人加入弗格尔瓦伊德赞颂萨拉丁的行列。先是布鲁德·维尔恩赫尔（Bruder Wernher），接着是13世纪末的赛弗里德·荷尔布林（Seifried Helbling）。甚至就连但丁也赞誉过萨拉丁的慷慨好施。对于萨拉丁的友善大方，欧洲人的颂扬之词绝无可能穷尽。15世纪中叶，一位名叫弗拉维奥·比翁多（Flavio Biondo）②的教宗文书官在他题为《罗马帝国衰亡以来的千年史》一书中认为当时最为勤勉和最具修养的统治者不是基督徒，而是萨拉丁。

和基督徒一样，穆斯林从一开始也尤为强调萨拉丁不吝钱财，大方慷慨，几乎无人可及。

---

① 此处原文为中古德语名词"milte"，意为"友善、仁慈、悲悯、宽容、乐于行善、慷慨布施"等。

② 弗拉维奥·比翁多（1392~1463）：意大利人文主义者和历史学家，被誉为考古学的先驱，在米兰发现了西塞罗唯一留存于世的手稿。比翁多先后任教宗尤金四世、尼古拉五世、加里斯都三世和庇护二世的文书官，搜集了大量古典时代的文献，并对罗马城的历史遗迹进行了详细深入的研究。在《罗马帝国衰亡以来的千年史》（Historiarum ab inclinatione Romanorum imperii decades）一书中，他详述了意大利自罗马帝国灭亡直至他生活年代的历史。

这让他们想起了有时与耶稣齐名的马赫迪的仗义疏财之举。马赫迪是穆斯林心目中将在世界末日降临人间的救世主，他将带领穆斯林重回伊斯兰真信，为先前充满不公的世界再造公义。此外，马赫迪也以慷慨大方、博施济众著称，他施舍的钱财数量之巨，以至于最后无人再能领受。萨拉丁显然将矜贫救厄的信条牢记在了心中，并不需要在别人有求于他时才布施济困。据说萨拉丁曾说，人们因有求于他而羞愧脸红，而就算他倾其所有也丝毫无法对此作出补偿。萨拉丁的慷慨大方并非直到1187年在他对待基督徒的言行上才得到印证，他在穆斯林对手和盟友面前早已展现这一点，比如在攻占阿扎兹（1176）、阿米德和阿勒颇（1183）时便是如此。就连在一些算不上有多轰动的事情上，萨拉丁也毫不吝惜，慷慨至极。对此，批评之声也屡次出现，比如在进占阿卡和耶路撒冷的时候，当然在他去世之时也是如此，因为就像莱辛在《智者纳坦》中提到的那样，当时萨拉丁几乎毫无积蓄。萨拉丁总是需要钱财，以至于他不得不在1187年进行币制改革。只有在法兰西国王腓力二世·奥古斯都面前，萨拉丁才不再展现他惯常的慷慨义举。在围攻阿卡期间，腓力二世的白色猎鹰曾飞走去寻找自己的同类，尽管腓力二世愿意出价 1000 第纳尔，但萨拉丁依然没有把猎鹰还给他，因为产于北欧的猎鹰在东方颇受欢迎。

萨拉丁慷慨大方、乐善好施，虽有部分是出于政治上的考量，但他并不是只有在争取投降者和政敌归顺自己时才如此。他的这种行为方式似乎是他的本性使然，同时也与他的教育背景息息相关。据说萨拉丁能够诵读阿布·塔马姆（Abu Tammam）① 的《坚贞诗集》（Hamāsa）——一部汇集了伊斯兰教兴起之前以及伊斯兰时代早期诗歌的文集。由此看来，萨拉丁大概也接受了诗中所传递的被奉为英雄的阿拉伯贝都因人的价值观，其中自然包括慷慨乐施的典范。他的其他家族成员也曾以仗义疏财闻名，比如他的叔父谢尔库赫，还有他的兄长图兰沙，后者在

① 阿布·塔马姆（生卒年不详，约逝于 845 年）：阿拉伯帝国阿拔斯王朝著名诗人，代表作为《坚贞诗集》，总共收录了 884 首诗歌。

1180 年去世，还留下了巨额负债，后来由萨拉丁还清。甚至连萨拉丁也对图兰沙颇有微词，因为和后者不同的是，萨拉丁并不铺张浪费，但当时卡迪·法迪勒认为应该在政治上使图兰沙为己所用，所以为他辩护。萨拉丁显然是把真正的穷苦之人当作自己效法的典范，这自然与他统治者的身份极难相称。其中可能还不乏他的前任努尔丁的影响。在他的后半生，萨拉丁过着苦行僧般的生活，从不饮酒。他身穿由亚麻、棉花或者羊毛做成的简朴的衣袍，对任何奢华靡费之举都嗤之以鼻。尤其值得一提的是，他从未建造过宫殿。1176 年 4 月，在萨拉丁第二次战胜阿勒颇和摩苏尔的联军之后，他告诫自己的士兵，摩苏尔的萨法丁穷奢极欲的营帐乃是道德败坏的惊人恶例。

西方世界的基督徒把萨拉丁视作骑士，但这大概并不是萨拉丁在西方世界的基督徒中形象正面的唯一原因。更重要的原因在于伊斯兰教在欧洲人心目中负面阴暗的形象，正是这样才反衬出萨拉丁尤为光辉的一面。在欧洲人看来，暴虐无情、惨无人道构成伊斯兰教的基本特征，而这又与崇尚仁爱的基督教形成了鲜明的对比。正是这种看法在很大程度上决定了伊斯兰教在西方世界的形象。后来教宗乌尔班二世大肆宣扬进行第一次十字军东征，以回击传言中穆斯林对东方基督徒的迫害。这样一来，伊斯兰教这一负面的形象也开始影响到西方世界的政治。虽然伊斯兰的统治意在征服所有人，却无意强迫所有人都改信伊斯兰教，这一点西方人要么全然不知，要么不愿承认。他们猛烈地抨击《古兰经》中这些自相矛盾之处，却忽视了伊斯兰的统治实际上可以各具特色。尽管当时的人们也了解到《古兰经》中有一句经文（第二章第256行）说，在宗教信仰上绝无强迫，① 但西方人不顾实际情况，把《古兰经》中与之相反的内容当作最为关键的。其实这一基本原则在基督教中也从未得到彻底贯彻，虽然教会法中确实有相应的规定。与伊斯兰教不

---

① 《古兰经》第二章第256行全文为："对于宗教，绝无强迫，因为正邪确已分明了。谁不信恶魔而信真主，谁确已把握住坚实的、绝不断折的把柄。真主是全聪的、是全知的。"（译文引自《古兰经》，马坚译，中国社会科学出版社，2013。）

同的是，即便是遭受暴力被迫改信基督教，可一旦皈依，就无法回头，因为受洗圣礼已经完成。

尽管"高贵的异教徒"的形象烙上了萨拉丁的深刻印记，但这丝毫没有改变基督教神学家对伊斯兰教负面阴暗的看法。虽然萨拉丁成为众多穆斯林君主中的例外，但人们要么未曾发现、要么不愿承认的是，他的言行举止其实都符合《古兰经》中的戒律，因此伊斯兰教根本不可能是一个应受如此苛责的宗教。其实萨拉丁也并非唯一的例外，他的侄子卡米勒（al-Kāmil）① 和罗姆塞尔柱帝国的几位苏丹甚至可能更为符合"高贵的异教徒"的形象，而这些君主的名字欧洲人其实也都知道。但基督教更愿

---

① 卡米勒（约1180~1238）：阿尤布王朝第四任苏丹，阿迪勒之子，1218~1238年在位，被誉为中世纪继萨拉丁之后东方最具影响力的穆斯林君主之一。1221年，卡米勒击退了第五次十字军东征。1228年，神圣罗马帝国皇帝腓特烈二世发动了第六次十字军东征。由于当时卡米勒忙于在叙利亚扩张势力范围，双方于1229年2月18日签订了有效期为十年的《雅法和约》。由此，耶路撒冷王国得以复国，而圣城耶路撒冷也回到基督徒手中，但同时十字军也不得在耶路撒冷修筑防御工事。

意把不合暴君刻板印象的穆斯林君主当成西方骑士典范的追随者，甚至是秘密改宗的基督徒，而全然不质疑伊斯兰教负面形象的合理性，也不反思与之相关的自身的神学立场。就算是到启蒙运动时代，伊斯兰教的形象基本上还是负面的，因为在启蒙主义者看来，伊斯兰教中已然备受基督教会抨击的宗教狂热主义更是四处蔓延。虽然那时西方人将萨拉丁塑造成开明君主的形象，但这对于改变这种评价而言于事无补。在宗教宽容这一问题上，西方人仍然把他视为一大例外。

2　宽容的苏丹

关于萨拉丁的宗教信念以及他对基督徒奉行的政策，在对同时代文献进行考察检视之后可以发现，萨拉丁并不是一个精神自由、喜爱哲思的人，而是一个虔诚的穆斯林，但同时他也遵守《古兰经》中提出的宽待犹太人和基督徒的要求。与科尼亚的罗姆塞尔柱帝国苏丹不同的是，他并不笃信占星术。在生命中最为重要的几个时刻，萨拉丁并不相信占星家，而是祈求真主能够在夜里托梦于他，赐予他启示，但严守教义的穆斯林对此也是持拒绝的态度的。萨拉丁取得的巨大成就也许让他相信，他是被真主选中而获降大任、成就大业的。据说萨拉丁在1188年宣称自己是受真主所托，在世间建立公义的秩序；还有传闻说他在1191年把抗击十字军称为真主指派于他的使命。

然而，和他的前任努尔丁一样，萨拉丁也很少试图对十字军国家发动无限制的进攻，而是常常与它们达成停战协议，以便展开对穆斯林邻邦的战争。如萨拉丁的宣传所示，他之所以这样做，主要是为了借此来实现征服耶路撒冷的目标。因为如果要攻灭要塞林立、长于防守的十字军国家，实际上就必须召集一支庞大的武装力量，而后者需要通过每隔数月就轮换各批参战部队才能得以维持。除此之外，萨拉丁在对耶路撒冷王国发动大规模进攻之时，还必须保证帝国与两河流域接壤的东部边境的安全。尽管如此，当时萨拉丁的终极目标似乎也并非收复耶路撒冷，而是重建一个在他领导下的伊斯兰大帝国。

虽然萨拉丁在 1171 年废除了法蒂玛王朝的哈里发制度，又继而试图扮演作为伊斯兰正统的圣行的开路先锋，但是在他的统治下，什叶派并没有遭到迫害。无可辩驳的是，阿勒颇和叙利亚北方其余各地的什叶派在萨拉丁治下异常安分，更有人甚至支持萨拉丁，这与努尔丁统治时期大为不同。努尔丁曾把什叶派与十字军国家的法兰克人同等对待，而这也并不只是停留在宣传的层面。但是，萨拉丁也曾效仿努尔丁设立伊斯兰教法学院，以巩固圣行的地位并使其发扬光大。

萨拉丁对伊斯兰神秘主义者 ① （阿拉伯语：sūfī）的态度和努尔丁一样，这些人士也得到萨拉丁的资助。人们甚至可以在萨拉丁军中找到这些自愿参军之人的踪迹。然而，萨拉丁对神秘主义思潮的理解与宽容也是有限度的，一个充分体现这一点的事例是，位居最伟大的伊斯

---

① 即苏菲派。

兰神秘主义者之列的苏哈拉瓦迪（Suhrawardī）①
于 1191 年在阿勒颇被控传播异端邪说。即便是
萨拉丁最宠爱的儿子查希尔也无法阻止他被判
死刑，因为根据伊斯兰法律，他犯了叛教之罪。

　　不论是穆斯林医生还是犹太人或基督徒出
身的医生，都得到了萨拉丁的信任。但这并不
能说明萨拉丁这种宽容的态度在穆斯林统治者
中并不寻常，因为在萨拉丁所处的那个年代，
我们会发现也有基督徒在巴格达阿拔斯王朝哈
里发纳西尔的宫廷供职，尽管纳西尔也曾下令
不再雇用基督徒在帝国文书处任职，于是大多
数基督徒文书官也因此改信了伊斯兰教。法蒂
玛王朝时期，埃及的基督徒和犹太人一度享有

---

①　苏哈拉瓦迪（1154~1191）：著名哲学家和神秘主义
者，伊斯兰教照明学说的奠基人。苏哈拉瓦迪出生于
波斯，由于萨拉丁之子查希尔扶持苏菲派，他便来到
了阿勒颇定居，用阿拉伯语和波斯语著书立说，名声
大噪。阿勒颇的教法学家对苏哈拉瓦迪充满猜疑，而
这与他和查希尔的密切往来不无关系。苏哈拉瓦迪的
神秘主义思想认为新的预言还会再临世间，这违背了
伊斯兰教认为先知穆罕默德身负最终使命的教义。他
的反对者认为这样的异端邪说将会影响帝国的稳定，
动摇正统的信仰。萨拉丁最后相信了这种说法，于是
下令逮捕了苏哈拉瓦迪并将其处死。当时苏哈拉瓦迪
年仅 37 岁，被后世称为"殉难长老"。

比在萨拉丁治下更多的自由。但 1183 年红海一带遭到法兰克人大肆劫掠之后，萨拉丁随即下令禁止非穆斯林参与红海贸易和有利可图的对印商贸。因此，在萨拉丁统治时期，埃及再也没有出现过知名的基督教（也就是科普特正教会）商人。他们中的很多人可能接受了伊斯兰信仰。然而，科普特人因其专长优势无可替代，甚至在第三次十字军东征时期仍然得以保有包括财政管理在内的重要职位，虽然他们中有部分人曾被指控与十字军国家合作，但这是无稽之谈。

在第三次十字军东征的威胁日益逼近之时，萨拉丁治下的帝国却并未发生迫害基督徒的事件。而他也以另一种方式遭逢了因十字军与东方教会基督徒进行合作而产生的危险。在 1187 年攻占耶路撒冷之后，萨拉丁成功地赢得了十字军诸国故地的东方教会基督徒和犹太人的好感：法兰克人曾禁止犹太人定居耶路撒冷，但萨拉丁恢复了犹太人的定居权；东方教会的基督徒并没有像天主教徒十字军和他们的后代那样被视为战败者，而是在萨拉丁的帝国中获得了和他们教友一样的地位。这些基督徒在十字军国家不曾享有和天主教徒平起平坐的地位，于是便不加抵抗地归顺了萨拉丁。直到 13 世纪后半叶马穆鲁克王朝统治时期，东方教会基督徒的处境才日益艰难。

对于在与法兰克人作战中俘获的敌军，萨拉丁只是下令处死了其中一部分人。谁举起武器反抗伊斯兰教，那么根据伊斯兰法律谁就丧失了生存的权利，而这样的人也可被卖为奴隶，或是与基督徒俘获的穆斯林相交换。引人注意的是，在第三次十字军东征期间，萨拉丁起先是放了战俘一条生路的。1191 年夏天英格兰国王理查一世在阿卡城投降之后下令处死了大约 3000 名穆斯林俘虏，但此时萨拉丁并没有意气用事、血债血偿。为了满足部下的复仇欲，萨拉丁后来虽然处决了一批被俘的十字军，但显而易见的是，他其实是想把大多数俘虏留到日后使用，因为一旦双方开始谈判，这些俘虏便成了王牌。另外，他也不允许他尚且年幼的儿子们挥剑斩杀基督徒俘虏，因为这会使他们从小习惯于血腥屠戮，同时却对穆斯林和基督徒之间的区别一无所知。

与萨拉丁的立传者巴哈阿丁·伊本·沙达

德的说法相反的是，正如萨拉丁自己所说的那样，他绝无意铲除所有的基督徒。虽然阿拉伯语文献从未提及，但萨拉丁甚至曾以格外友好的口吻和亚历山大三世和卢修斯三世（Lucius III）两位教宗进行了谈判，商议交换战俘事宜。历史学家阿布·沙马（Abū Schāma）曾断言，萨拉丁在哈丁战役之后曾有意处死所有的战俘，但后来阻碍他实现其想法的唯一原因是他的军队不愿放弃变卖战俘为奴，毕竟他们可以从中获利。而这种说法可能也纯粹是宣传上的说辞。

　　萨拉丁与作为基督徒先锋的骑士团成员之间的关系则大为不同，1187年哈丁战役之后，他在军中志愿兵的欢呼声中下令处死除了骑士团团长之外的其他所有200名被俘的圣殿骑士团和圣约翰骑士团成员。据说他这么做是为了肃清这两大骑士团，以净化世间。同样的命令也发往了大马士革，那里可能只监禁着少数骑士团成员，而他们也同样遭到处决——免于一死的只有那些愿意改信伊斯兰教的骑士团成员。但在这之前的几年，萨拉丁并没有处决所有被他俘获的圣殿骑士团成员，因为可能是在1184

年，他侄子塔吉亚丁的一个儿子在被基督徒监禁超过七年之后获释，为此萨拉丁支付了巨额的赎金，而且归还了所有被他关押的圣殿骑士团成员。由此可以看出，萨拉丁在对待圣殿骑士团和圣约翰骑士团成员时绝非暴虐无度。他们甚至还在一定程度上得到了萨拉丁的敬重。比如1187年占领耶路撒冷之后，萨拉丁就曾允许10名圣约翰骑士团成员继续驻留圣城一年，以照顾伤员。而到1191年，正如上文提及的那样，萨拉丁还相信基督徒中只有圣殿骑士团成员还会信守诺言。

萨拉丁的言行举止说明，他并不愿意强迫基督徒接受伊斯兰信仰，正如穆斯林在开展"吉哈德"时显然从未把它作为一场传教战争。这一点也反映在让·德·茹安维尔（Jean de Joinville）① 亲

---

① 让·德·茹安维尔（约1225~1317）：法兰西香槟省茹安维尔（Joinville）的领主，法兰西国王路易九世的密友，曾为后者立传。1248年，让·德·茹安维尔随路易九世参加了第七次十字军东征。1250年，十字军在埃及被马穆鲁克王朝的军队击败，路易九世和让·德·茹安维尔均被俘虏。让·德·茹安维尔本该被处死，但后来人们发现，他和备受穆斯林欢迎的神圣罗马帝国皇帝腓特烈二世有着血缘关系，于是得以保全性命。在路易九世的妻子玛格丽特交付了巨额赎金之后，路易九世和让·德·茹安维尔获释。

历十字军东征时的见闻之中，这次东征由法兰西国王圣路易在13世纪中叶发起，意在征服埃及。根据茹安维尔的描述，穆斯林给被俘的法兰西人留了两条后路：要么改信伊斯兰教，要么被处决。茹安维尔援引萨拉丁的言论，对此提出了抗议。他的辩驳有如下文字为证："当在病床上被俘的其他病号被人从桨帆船中抬出之时，撒拉森人早已拔剑出鞘，杀死了所有病倒的人，并把他们的尸体丢进了大海。我借我所知道的一位撒拉森人的话告诉这些屠夫，这么做毫无公义可言，因为这违背了萨拉丁的信条，依照他的信条，在你给予他人面包和盐以供食用之后，你就不能杀死他们。但有人告诉我，这些人早已毫无用处，因为他们身患重病，连站起来都成问题。舰队指挥官把我船上的人带到我面前告诉我，这些人都否认了自己的信仰。我当时说，他不应指望能够相信他们，因为他们既然这么快就背弃了我们，那么一旦他们觉得天时地利在手，也会很快再次离开他的。这位指挥官回答道，他同意我的话。他说萨拉丁曾经说过，从来没有哪个卑劣的基督徒变成高尚的穆斯林，也从来没有哪个卑劣的穆斯林变成高尚的基督徒。"

在茹安维尔的记述中，萨拉丁的观点似乎曲高和寡，但这其实在《古兰经》中是有据可依的。经文第二章第256行以如下的论断开始："对于宗教，绝无强迫。"[①]《古兰经》中确定的这一基本原则在伊斯兰教的历史上其实是有着现实影响的。比如，还是在法蒂玛王朝哈里发哈基姆（al-Hākim，1021年去世）在位时期，所有被哈基姆迫害乃至被强迫改信伊斯兰教的人就已再度得到允许，得以重归他们原先信仰的宗教，而哈基姆的继任者在登上哈里发大位之后也立刻延续了这一政策。到萨拉丁统治时期，这一基本原则也被萨拉丁牢记于心，著名犹太学者迈蒙尼德（Maimonides）[②]的事例也显

---

① 此处译文引自《古兰经》，马坚译，中国社会科学出版社，2013。

② 迈蒙尼德（约1135~1204）：犹太哲学家、法学家和医生，曾将犹太教信仰总结为十三条，又将善行划定为八类。生于科尔多瓦，在穆瓦希德王朝严格维护伊斯兰教基本信条，对敌人发起"圣战"，并取消了长期以来允许非穆斯林通过缴纳税款获得官方保护的政策的情况下，和其他许多犹太人、基督徒一样面临生命威胁，被迫改变信仰或逃亡。迈蒙尼德与家人流亡摩洛哥和埃及，但有观点认为他曾假装皈信伊斯兰教以保全性命，并因而受对手指控。后担任萨拉丁的私人医生。

示了这一点。迈蒙尼德当时从家乡安达卢西亚迁居埃及。有一位来到开罗的安达卢西亚法学家指控迈蒙尼德在他的家乡改信了伊斯兰教，因此他犯了叛教罪，理应被处死。但这一控告却被萨拉丁的首席谋士卡迪·法迪勒驳回，理由是强迫他们改宗伊斯兰教是没有法律效力的。而第三次十字军东征时的经历大概也坚定了萨拉丁及其近臣在这个问题上的立场，因为根据西方世界文献的记载，被基督徒俘虏的穆斯林为了免于一死，不得不接受洗礼，将来一有机会就尽快重新脱离基督教。因此，据说英格兰国王狮心王理查和法兰西国王腓力二世都曾颁令全面禁止施洗。

尽管如此，如果就此认为萨拉丁已经超越伊斯兰逊尼派信仰的边界，进而把他尊奉为启蒙运动时代宽容开明的典范，那么这样的论断就没有切中要害。与许多穆斯林统治者相比，萨拉丁确实给了他帝国境内的异教徒自由的空间，而这其实在伊斯兰教义中就有规定，但与莱辛"戒指寓言"中的形象相比，根据伊斯兰教的普遍观点，萨拉丁大概认为，自诩为唯一真信的犹太教和基督教早已被穆罕默德超越。然而，萨拉丁也颇为欣赏一些十字军将士敢于为自己的信仰献出一切的精神，而且他也向穆斯林宣扬这种精神，并强调穆斯林应该以此为榜样。

3　自由的英雄

19世纪以前，穆斯林对十字军东征及欧洲局势兴味索然。而他们对萨拉丁也没有表现多大的关注，虽然他不仅收复了耶路撒冷，而且在逊尼派看来还颠覆了代表异端的法蒂玛王朝。尽管一些同时代的穆斯林将萨拉丁誉为"再世的埃及约瑟"，或盛赞他是末日临世的马赫迪，但大概还有不少人认为萨拉丁更是窃取他前任赞吉和努尔丁遗产的篡位者，他虽然举起了抗击十字军国家的"吉哈德"大旗，但实际上不过是把"吉哈德"当作一种手段，借此使自己的权力合法化，并通过牺牲穆斯林邻邦的利益不断扩大自己的势力范围。

首部由东方人执笔的萨拉丁传记出版

于 1872 年，是用土耳其语写成的，其作者是"新奥斯曼人"①作家纳米克·凯末尔（Namik Kemal）②。他写作这部传记主要是为了从穆斯林的视角出发，对法国人约瑟夫·弗朗索瓦·米绍（Joseph François Michaud）出版于 1812~1822 年的七卷本《十字军东征史》（Histoire des croisades）进行回应。

到 19 世纪末，奥斯曼帝国的政治和知识分子领导层中日益盛行一种看法，即当时欧洲强权奉行的政策与当年十字军东征如出一辙。比如，1876~1909 年在位的苏丹阿卜杜勒·哈米德

---

① 新奥斯曼人：奥斯曼土耳其帝国知识分子在 1865 年成立的秘密组织，推崇民族主义和自由主义思想，号召在土耳其建立立宪政体。主要代表人物有纳米克·凯末尔、阿里·苏阿维（Ali Suavi）等人。1867 年为逃避迫害，"新奥斯曼人"的不少成员流亡西欧。随着 1871 年奥斯曼帝国大维齐尔穆罕默德·艾明·阿里（Mehmed Emin Ali）帕夏逝世，"新奥斯曼人"的成员得到赦免，相继回到国内。

② 纳米克·凯末尔（1840~1888）：土耳其作家和诗人，曾对土耳其爱国主义和自由主义的兴起产生重要影响。在流亡西欧期间，凯末尔研究了维克多·雨果、卢梭和孟德斯鸠的作品，并将其翻译成土耳其语。

二世（Abdül Hamid II）^①就多次提出欧洲正从政治上对他的帝国发动一场十字军东征。这样的说法在宣扬泛伊斯兰主义（Panislamismus）^②的媒体中广为传播，而首部由穆斯林执笔编纂的十字军东征史也在前言中暗示了这一点。这本书在1899年出版于埃及，作者为埃及人阿里·哈里里（'Alīal-Harīrī）。

随着对十字军东征的兴趣与日俱增，萨拉丁也开始逐步进入许多穆斯林的视野。同时，他们发现，欧洲人为这位君主塑造了正面的形象，而这与欧洲人对伊斯兰教历史上其他人物的负面评价有着天壤之别。在这其中，威廉二世扮演了重要的角色。1898年，在托马斯·库克^③的组织安

---

① 阿卜杜勒·哈米德二世（1842~1918）：奥斯曼帝国苏丹（1876~1909年在位），在任期间对俄战争惨败，致使帝国丧失了大部分欧洲领土，对内实行高压专制统治，推行泛伊斯兰主义，屠戮少数民族。1909年4月27日，被青年土耳其党人废黜。

② 作为一场宗教政治运动，泛伊斯兰主义旨在回击19世纪末欧洲对近东和南亚次大陆的扩张。这一运动强调伊斯兰世界在历史、文化和宗教上的共性，主张全世界的穆斯林团结在一个伊斯兰国家或者哈里发的领导之下，实现伊斯兰世界的大一统。

③ 托马斯·库克（1808~1892）：英国旅游业的先驱，成立了著名的托马斯库克集团。

排下，他前往近东旅行。在这次旅行中，他还参观了大马士革的萨拉丁陵墓。威廉二世在那里发表了演讲，通过这次演讲，千百万穆斯林都知晓了欧洲人对萨拉丁的崇敬。威廉二世特别说道："站在萨拉丁曾经停留的地方，这个想法令他心驰神往。萨拉丁位居所有时代最具骑士精神的统治者之列，他是一位伟大的苏丹，是一位无所畏惧、无可指摘的骑士，就连他的敌人也不得不接受他对他们的教导，以领会骑士精神的真义。"这位皇帝将一面由丝绸制成的旗帜铺在了萨拉丁的陵墓上，又把一顶铜制的桂冠放在了上面。两年后，这两件物品作为战利品被阿拉伯的劳伦斯（Lawrence von Arabien）[①]带回了英格兰，今天展出在伦敦帝国战争博物馆。

在之后的数年里，特别是在阿拉伯语文学中，对萨拉丁表达钦慕的文字屡见不鲜。而信奉基督教的阿拉伯作家更是先行者，因为对他

[①] 阿拉伯的劳伦斯（1888~1935）：原名托马斯·爱德华·劳伦斯，英国军官、考古学家和作家，在1916~1918年阿拉伯民族大起义中担任英国的联络官，著有自传《智慧七柱》（*Seven Pillars of Wisdom*），记述了自己在阿拉伯民族大起义中的经历。

们来说，称颂这位对非穆斯林宽容以待的统治者具有现实意义。早在19世纪最后25年里，有关萨拉丁的戏剧便被埃及和黎巴嫩的剧团搬上了舞台，而这些剧团的成员都是基督徒。

然而，现代阿拉伯语文学中第一部值得一提的萨拉丁传记却是由一位穆斯林作家撰写的，他是一个名叫艾哈迈德·比亚力（Ahmad al-Biyalī）的埃及人。这部传记直到1920年才在开罗出版。第一次世界大战结束和奥斯曼帝国解体之后，英国托管巴勒斯坦。在此期间，人们一旦援引萨拉丁，十有八九就是为阿拉伯人反抗犹太复国主义计划提供政治上的说辞。而随着第二次世界大战结束，以色列随之建国，特别是在阿拉伯语世界涌现了一大批有关十字军及其穆斯林敌人的文学作品。在这些作品中，萨拉丁成为被称颂的主要对象。一些历史学术著作还把耶路撒冷王国的兴衰与以色列国家的历史加以对照，认为其中存在一些平行的现象。这种对比往往是为了唤起人们对以色列覆灭的希望，并使这种希望绵延数十载而经久不灭。

除此之外，对萨拉丁的追忆还在阿拉伯人

和库尔德人之间的民族主义争斗中扮演了特殊的角色。在现代库尔德文学中，萨拉丁被库尔德人据为己有，被奉为他们的民族英雄，而阿拉伯人则针锋相对，比如巴格达的历届政府就试图把萨拉丁视作泛伊斯兰世界手足情谊的象征，并以他的名义抗击库尔德人的独立运动。一些阿拉伯历史学家竭力试图证明，萨拉丁至少在文化归属上是一个纯粹的阿拉伯人，而且他的军队也主要由阿拉伯人组成。而土耳其的一些作家则认为，既然库尔德人源于中亚地区的突厥人，那么萨拉丁就应该是突厥人。

一些伊斯兰国家元首，比如同样出生在提克里特的萨达姆·侯赛因，甚至过于喜欢让人把自己比作萨拉丁。但对于当今世界所有的穆斯林来说，萨拉丁绝不是捍卫伊斯兰教、促进穆斯林大团结的开路先锋的最佳人选，尽管他当年的宣传攻势意在把自己塑造成这样的形象。在什叶派看来，萨拉丁属于伊斯兰真信的敌对阵营，因为是他颠覆了法蒂玛王朝的哈里发政权。

1138 年	萨拉丁在提克里特出生。
1144 年	赞吉征服埃德萨。
1147~1148 年	第二次十字军东征。
1153 年	耶路撒冷国王鲍德温三世攻占亚实基伦。
1154 年	阿勒颇和大马士革统一归于努尔丁治下。
1169 年	努尔丁手下的将领谢尔库赫征服埃及，谢尔库赫去世后萨拉丁被任命为法蒂玛王朝的维齐尔。
1171 年	萨拉丁颠覆法蒂玛王朝哈里发政权，在埃及恢复伊斯兰正统信仰。
1174 年	努尔丁和耶路撒冷国王阿马尔里克相继去世；萨拉丁接手统治大马士革。

1175 年	萨拉丁在哈马双峰山附近首胜阿勒颇和摩苏尔联军；阿拔斯王朝哈里发承认萨拉丁为埃及和叙利亚（阿勒颇除外）的统治者。
1176 年	萨拉丁在苏丹山战役中再次击败阿勒颇和摩苏尔联军；萨拉丁迎娶努尔丁的遗孀。
1177 年	萨拉丁在拉姆拉附近被耶路撒冷国王鲍德温四世击败。
1179 年	萨拉丁在玛尔吉-乌于恩战役中击败鲍德温四世。
1181 年	摩苏尔的伊扎丁统治阿勒颇。
1182 年	萨拉丁攻伐摩苏尔，无功而返。
1183 年	法兰克人侵入红海；萨拉丁占领阿勒颇；萨拉丁攻打耶路撒冷王国。
1185 年	萨拉丁再次进攻摩苏尔。
1186 年	摩苏尔的伊扎丁宣布臣服于萨拉丁。
1187 年	萨拉丁在哈丁战役中大胜法兰克人，并征服耶路撒冷以及耶路撒

冷王国的大部分地区。

1188 年	萨拉丁在的黎波里和安条克这两个十字军国家攻城略地。
1188~1192 年	第三次十字军东征。
1190 年	腓特烈一世巴巴罗萨在今天土耳其境内溺亡。
1191 年	十字军攻占阿卡；萨拉丁在阿苏夫战役中被狮心王理查击败。
1192 年	萨拉丁和狮心王理查缔结了为期三年八个月的停战协议。
1193 年	萨拉丁在大马士革逝世。

参考文献

Eddé, Anne-Marie: Saladin, Paris 2008.

Ehrenkreutz, Andrew S.: Saladin, Albany, N. Y. 1972.

Elisséeff, Nikita: Nūr ad-Dīn. Un grand prince musulman de Syrie au temps des croisades (511–569 H./1118–1174), 3 Bde, Damas 1967.

Ende, Werner: Wer ist ein Glaubensheld, wer ist ein Ketzer? Konkurrierende Geschichtsbilder in der modernen Literatur islamischer Länder, in: Die Welt des Islams N. S. 23–24 (1984), S. 70–94.

Gibb, Hamilton: The Life of Saladin from the Works of 'Imād ad-Dīn and Bahā' ād-Dīn, Oxford 1973.

Hamilton, Bernard: The Leper King and His Heirs. Baldwin IV and the Crusader Kingdom of Jerusalem, Cambridge 2000.

Hehl, Ernst-Dieter: Was ist eigentlich ein Kreuzzug?, in: Historische Zeitschrift 259 (1994), S. 297–336.

Herde, Peter: Die Kämpfe bei den Hörnern von Hittīn und der Untergang des Kreuzritterheeres (3. und 4. Juli 1187), in: ders.: Gesammelte Abhandlungen und Aufsätze, Bd. 2, 1, Stuttgart 2002, S. 97–152.

Hillenbrand, Carole: The Crusades. Islamic Perspectives, Edinburgh 1999.

Holt, P. M.: The Age of the Crusades. The Near East from the Eleventh Century to 1517, London/New York 1986.

Humphreys, R. Stephen: From Saladin to the Mongols. The Ayyubids of Damascus, 1193–1260, Albany, N. Y. 1977.

Jubb, Margaret: The Legend of Saladin in Western Literature and Historiography, Lewiston/Queenston/Lampeter 2000.

Kedar, Benjamin Z.: Crusade and Mission. European Approaches toward the Muslims, Princeton, N. Y. 1984.

– (Hg.): The Horns of Hattīn, Jerusalem/London 1992.

Köhler, Michael A.: Allianzen und Verträge zwischen fränkischen und islamischen Herrschern im Vorderen Orient. Eine Studie über das zwischenstaatliche Zusammenleben vom 12. bis ins 13. Jahrhundert, Berlin/New York 1991.

Labib, Subhi Y.: Handelsgeschichte Ägyptens im Spätmittelalter (1171–1517), Wiesbaden 1965.

Lane-Poole, Stanley: Saladin and the Fall of the Kingdom of Jerusalem, London/New York 1898.

Lev, Yaacov: Saladin in Egypt, Leiden/Boston/Köln 1999.

–: The Social and Economic Policies of Nūr al-Dīn (1146–1174): The Sultan of Syria, in: Der Islam 81 (2004), S. 218–242.

Lyons, Malcolm Cameron/D. E. P. Jackson: Saladin. The Politics of the Holy War, Cambridge 1982.

Mayer, Hans Eberhard: Die Kreuzfahrerherrschaft Montréal (Sōbak). Jordanien im 12. Jahrhundert, Wiesbaden 1990.

Möhring, Hannes: Saladin und der Dritte Kreuzzug. Aiyubidische Strategie und Diplomatie im Vergleich vornehmlich der arabischen mit den lateinischen Quellen, Wiesbaden 1980.

–: Heiliger Krieg und politische Pragmatik: Salahadinus Tyrannus, in: Deutsches Archiv für Erforschung des Mittelalters 39 (1983), S. 417–466.

–: Kreuzzug und Dschihad in der mediaevistischen und orientalistischen Forschung 1965–1985, in: Innsbrucker Historische Studien 10/11 (1988), S. 361–386.

–: Der andere Islam. Zum Bild vom toleranten Sultan Saladin und neuen Propheten Schah Ismail, in: Die Begegnung des Westens mit dem Osten, hg. von O. Engels und P. Schreiner, Sigmaringen 1993, S. 131–155.

–: Mekkawallfahrten orientalischer und afrikanischer Herrscher im Mittelalter, in: Oriens 34 (1994), S. 314–329.

–: Zwischen Joseph-Legende und Mahdī-Erwartung: Erfolge und Ziele Sultan Saladins im Spiegel zeitgenössischer Dichtung und Weissagung, in: War and Society in the Eastern Mediterranean, 7th–15th Centuries, hg. von Y. Lev, Leiden/New York/Köln 1997, S. 177–223.

–: Die Kreuzfahrer, ihre muslimischen Untertanen und die heiligen Stätten des Islam, in: Toleranz im Mittelalter, hg. von A. Patschovsky und H. Zimmermann, Sigmaringen 1998, S. 129–157.

–: Zwei aiyubidische Briefe an Alexander III. und Lucius III. bei Radulf de Diceto zum Kriegsgefangenenproblem, in: Archiv für Diplomatik 46 (2000), S. 197–216.

Noth, Albrecht: Heiliger Krieg und Heiliger Kampf in Islam und Christentum. Beiträge zur Vorgeschichte und Geschichte der Kreuzzüge, Bonn 1966.

Piana, Mathias (Hg.): Burgen und Städte der Kreuzzugszeit, Petersburg 2008.

Rabie, Hassanein: The Financial System of Egypt A. H. 564–741/A. D. 1169–1341, London 1972.

Richards, D. S.: The Early History of Saladin, in: Islamic Quarterly 17 (1973), S. 140–159.

Riley-Smith, Jonathan (Hg.): Illustrierte Geschichte der Kreuzzüge, Frankfurt a. M./New York 1999.

Sauvaget, Jean: Le Cénotaphe de Saladin, in: Revue des arts asiatiques 6 (1929–1930), S. 168–175.

Sivan, Emmanuel: L'Islam et la Croisade. Idéologie et Propagande dans les Réactions Musulmanes aux Croisades, Paris 1968.

–: Modern Arab Historiography of the Crusades, in: Asian and African Studies 8 (1972), S. 109–149.

–: Saladin et le calife al-Nāsir, in: Scripta Hierosolymitana 23, Studies in History, Jerusalem 1972, S. 126–145.

–: Mythes politiques arabes, Paris 1995.

Smail, R. C.: Crusading Warfare (1097–1193), Cambridge 1956.

索　引

（此部分页码为德文版页码，即本书页边码。）

作者简介

汉内斯·默林（Hannes Möhring），历史学家和东方学家，拜罗伊特大学编外讲师，2010年和2012年在埃朗根一纽伦堡大学人文学科国际研究所担任客座研究员。默林在中古时代基督教和伊斯兰教末世观研究上颇有建树，并因此荣获斯陶芬奖。

译者简介

周锐，现任教于江苏理工学院外国语学院德语系，2018年获南京大学德语语言文学博士学位。译著有《罗马史：从开端到古典时代晚期》《古典时代的终结：罗马帝国晚期的历史》等。

图书在版编目（CIP）数据

萨拉丁：苏丹和他的时代：1138-1193 /（德）汉
内斯·默林著；周锐译. -- 北京：社会科学文献出版
社，2021.6
（生而为王：全13册）
ISBN 978-7-5201-8346-8

Ⅰ.①萨…　Ⅱ.①汉…②周…　Ⅲ.①撒拉丁(
Saladin. Sultan of Egypt and Syria 1138-1193)-传记
Ⅳ.①K834.115.2

中国版本图书馆CIP数据核字（2021）第091704号

生而为王：全13册
萨拉丁：苏丹和他的时代（1138～1193）

著　　者 / 〔德〕汉内斯·默林
译　　者 / 周　锐

出 版 人 / 王利民
组稿编辑 / 段其刚
责任编辑 / 周方茹
文稿编辑 / 肖世伟　陈嘉瑜

出　　版 / 社会科学文献出版社·联合出版中心（010）59367151
　　　　　 地址：北京市北三环中路甲29号院华龙大厦　邮编：100029
　　　　　 网址：www.ssap.com.cn
发　　行 / 市场营销中心（010）59367081　59367083
印　　装 / 北京盛通印刷股份有限公司

规　　格 / 开　本：889mm×1194mm　1/32
　　　　　 本册印张：7.75　本册字数：108千字
版　　次 / 2021年6月第1版　2021年6月第1次印刷
书　　号 / ISBN 978-7-5201-8346-8
著作权合同
登 记 号 / 图字01-2019-3618号
定　　价 / 498.00元（全13册）

本书如有印装质量问题，请与读者服务中心（010-59367028）联系